7日でマスター

瞬時《すぐ》に動く技術

Ready for Action

赤羽 雄二

「すぐに動ける人」にはいいことしか起こらない

すぐに動くと、いいことしかない

上司から新しい仕事を指示されたとき、将来のために何か勉強しようと思ったとき、家で何かしなければならないとき、「すぐに動ける人」は楽です。

あれこれ悩むよりも先に身体が動くからです。

ほとんどの人は、「やりかけの仕事があるから後でやろう」「やらなければいけないけれどやりたくない」「もう少しゲームをやってから始めよう」「やろうと思ったけれど、どうしても見なければいけないドラマが始まっちゃう」などの理由ですぐには動けません。私もそうです。

大した理由はないし、やらないとすぐに大問題が起きるわけでもないので、後回しにしてしまいます。

いっぽう、言われてすぐに動く、決めたらすぐに動ける人は、腰が軽く、早く始めるので物事がうまくいきやすくなります。

人にもすぐ相談できるし、早く動いていれば助けてもらえることも増えるし、周りの期待も上がってそれが自分のやる気にもつながるし、といいことが続きます。

いいことしか起きないと言っても、決して過言ではありません。

誰でも迷わずすぐに動けるようになる

そうは言っても、「自分はすぐに動くことが苦手だ」という方が多いのではないかと思います。「わかっていてもすぐには動けない。いけないとは思っていても動けない」ということで、困っているとの話はよく聞きます。

でも本当にそうでしょうか。

私は接点のある方には、この5年ほど「即断即決、即実行、即答」を徹底的にお勧めしています。その結果、多くの方がずっと速く行動できるようになりました。

躊躇される方ももちろん多いです。そういうときにいつも申し上げるのは、**「スキル、経験、学歴にかかわらず、即断即決、即実行、即答はできる**ので、ぜひやってください」です。難しいから動けない、ということはありません。

また、「即断即決、即実行」以上に「即答」が難しいという声もよく聞きます。それに対しては、「即答できないという方が多いようですが、皆さん、あと5秒余計に考えたらずっといいことが言えますか。私はとても言えません」ともお伝えしています。

実際、私はほぼすべて即答しますが、「あと3秒あるいは5秒あげるから、もっといいことを言ってください」と言われても困ります。

1分かけてA4メモ書きをするのならともかく、数秒で頭を整理することはできません

し、はるかにまともなことを言うこともできません。

何がポイントなのかと言えば、**慣れ**だけです。

誰でも、慣れれば迷わず動けるようになりますし、即答できるようになります。

気がついたら朝の歯磨きをやり終えていたということがありますよね。歯ブラシを手に取り、歯磨き粉も手に取ってキャップを開けて歯ブラシにつけ、磨いて最後に口をゆすぐ、さらには、鏡に水が飛んだらそれもふいてきれいにする、という結構な作業ですが、眠い目をこすりながら、ほとんど意識せずにやり終えることができます。

ロボットにやらせようとするとかなり難易度の高い作業ですし、3〜4歳の子どもなら苦労しますが、大人は無意識にでもできます。

「即断即決、即実行」も「即答」もそんな感じでできるようになります。

すぐに動いたほうが楽

すぐに動けない、わかっていても始められない、大変だからできないということで悩む方が多くおられますが、**実際にはすぐに動いたほうが断然楽**です。

と言うのは、「やらないといけないな」「でも今はやりたくないなあ」「まだこの仕事があったんだよな」「急いでやらないといけない仕事があるからなあ」といった**葛藤をせずにすむ**からです。

悩む時間がなくなります。

悩む時間がなくなれば、快適になります。ずっと気分がいいものです。

すぐに動けば、やらなければならない仕事に取り組むかどうか、葛藤する時間がなくなります。

やってしまえば、何ということはなかった、ということも多いものです。悩んで損した、嫌な気持ちを数日も数週間も引きずって損した、という感じになります。

実際、「やるならやる」「**結局やらないわけにはいかない**」ので、すぐに動いたほうが気楽です。ストレスがありません。

また、すぐに動けば、いろいろなことがうまく回りますので、実際、楽になります。

「仕込み」「仕切り」「仕上げ」

すぐに動くためには、普段からの「**仕込み**」、いざその瞬間の「**仕切り**」、その後の「**仕上げ**」が大切です。唐突に何かができるというわけではありません。

仕込み

普段から**情報収集**をしておくとか、なるべく**全体像**をつかんでおくとか、**関係作り**をしておくとかです。

● 情報収集

普段からGoogleアラートに30～50語を登録し、毎日記事を読んでおきます。何か気になったら、すぐにChatGPT（チャットジーピーティ）やPerplexity（パープレキシティ）などの生成ＡＩに相談しておくことも同様に大切です。

全体像

普段から意識して全体像を見るようにします。これはある仕事をする際に、「全社にとってどういう意味を持つのか」「より効果的に進めるには他部門との調整・連携をどう推進するといいのか」など、いつも考え続けていることです。

視野が広がり、視点も上がっていきます。そうなると、ある仕事がどう大切なのか、どう進めると一番いいのかが見えてきます。

関係作り

相手との関係をぞんざいにせず、誰にでも丁寧に接しておくこと、誰かに何かを依頼されたら、give & takeではなく、Give, give, give, and give（第10章で詳しくお話しします）をしておくことです。相手の立場によって見下さないこと、人によって態度を変えないことなども大切です。

仕切り

「こちらの望む方向に相手あるいはチームを動かしていくこと」です。話をしていると、相手が同意したり、反発したり、元気になったり、気落ちしたりします。それを把握しながら、こちらの望む方向にうまくリードしていかなければなりません。成り行き任せでは目的を果たせないからです。**話をしているその瞬間に切れ味よく反応する、動くこと**です。

仕上げ

動いた後そのまま放っておくのではなく、**その後のフォロー**として仕上げが必要です。仕上げをして初めて、期待する効果が出ます。話をして相手と合意できたとしても、その後、物事が期待通り進むとは限りません。話した後が、実は肝心です。

「仕上げ」とは、**相手が動かざるを得ない状況を作っていくこと**でもあります。何かを合意してもらう、許可してもらう、程度であればいいですが、組織を動かしてもらう、何かの骨を折ってもらう、という場合は、合意後の丁寧な「仕上げ」が不可欠になります。

合意後に忘れていることも多いですし、やろうとしてうまく動かなくて止まったままになるケースも少なくありません。いい話ができてその気になっていても、その後、丁寧にフォローしなければ、実際には動き出さないことは普通にあることです。相手に別に悪気がなくてもそうなります。

7日でマスター、今すぐ始めよう

本書では、「瞬時（すぐ）に動く技術」について、7日間で一つずつマスターしていただこうと考えています。

1日で一つのテーマを完全にマスターすることはもちろんできませんが、一つずつ内容をしっかり理解し、毎日の取り組みも具体的に把握していただければ、7日間で準備ができ、すばやく体現できる、というものです。

- **1日目 「即断即決、即実行、即答」の開始**
- **2日目 問題把握・解決力を強化**

● 3日目　情報収集力の徹底強化
● 4日目　4つの鍵で仕事スピードアップ
● 5日目　行動変革へのビジョン、達成方針、アクション
● 6日目　即行動できる自信、ポジティブ思考の定着
● 7日目　切磋琢磨する仲間作り

各章の最後には
【ありがちな誤解】
【理解チェックポイント】
【●日めの取り組み】
をそれぞれ詳しく書いていますので、しっかりと準備できると思います。
さあ、始めましょう。

第2編 「すぐ動く」を体得する7日間

常に自分の頭で考える
言語化がすべての出発点
「論理的」「合理的」は気にしない
社長の視点で常に考える習慣
多面的に考える

3日目

7日でマスター③ 情報収集力の徹底強化 110

情報収集が大きな差を生む
Googleアラートで普段から最新情報に触れる
生成AIですばやく全体像を把握し、しつこく聞く
YouTubeは宝の山
「現地・現場」「展示会」「講演会・セミナー」で生情報に触れる
詳しい人に聞くのが一番
本が賢くしてくれる
ネットで発信すると、貴重な情報が集まる

おわりに

「すぐに動ける人」は、何をやっても楽しい 261

すぐに動くことがどれほど大切か
すぐに動くと、ずっと楽に動ける
すぐに動くと、みんなが背中を押してくれる
すぐに動くと、みんなの背中を押せる

第1編

「すぐに動く」と見える世界

第1章

「すぐに動ける人」とは

よいと思ったらすぐに動く

「すぐに動ける人」は、よいと思ったらすぐ動きます。壁のスイッチを入れたら照明がつくように、ドライヤーをONにしたらすぐ動くように、打てば響くようにさっさと動きます。

これは大したことがないように見えますが、実は大きな差になります。

私たちの仕事も、仕事以外も、**何かがよいと思ったときにすぐ動けるかどうかで、途中も結果も大きく変わる**からです。

- **よいと思ったらすぐに出かける**

- **すぐに本を読む**
- **面倒な仕事にすぐ着手する**
- **話しにくい人にもすぐに話しかける**

そういったことができるとストレスなく物事が進みます。

私自身、大半のことはすぐに動けるのですが、ごく一部、全く動けないことがありました。

嫌な内容だとわかっているメールを開くことができません。2・3日どころか2週間くらい毎日悩みながら開かないことがあります。もちろん放置していていいことは何もなく、日に日に嫌な予感が強くなっていきます。

時には、そのまま放置して、なかったことにすることとすらあります。

何とか我慢して開いてみると、全く問題のないスケジュール調整だったり、メール受信の挨拶だったりして拍子抜けすることもあります。もちろん、苦情メールに返事をしなかったので、にっちもさっちもいかなくなったこともありました。

本書は、そういう自分自身への戒めでもあります。

迷わない、悩まない

「すぐに動ける人」は、迷いません。悩むこともありません。

これまで多くの人と接してきましたが、その中で結果を出し続けているのは、迷わない、悩まない「すぐに動ける人」です。

他の人なら迷い、悩んでいるとき、彼らは「**やってみないとわからないじゃないか**」「**すぐできるんだからやってみよう**」とすぐに動きます。

私がアドバイスしても、あれこれ言わずにすぐに動いてくれるので結果が出ます。成功体験を得やすく、どんどん成長します。

迷わない、悩まないと言うと、「能天気でいいなあ」「単純だなあ」とやっかみが入ります。部下が迷わない、悩まないと言うと、上司の多くは「ちゃんと検討してくれよ」「手を抜くなよ」「そんなに甘くないぞ」と、部下の一挙手一投足を見張り始めたりもします。

なので、結構、逆風が吹くのですが、迷わない、悩まない人はそういうことも気にせず突き進んでいくことができます。

躊躇なく動く

「すぐに動ける人」は、躊躇することがありません。

ためらわずに動くので、あれよあれよという間に**物事が片づいていきます。動作が速くなります。勢いがつき、ますます動きやすくなります。**

電光石火で物事が進んでいきます。横で見ていても気持ちがいいほどです。

動作もスムーズなので、結果もどんどん出ます。躊躇なく動くと、行動に迫力がありますので、周囲の人も釣られて動きます。

「躊躇する」とはどういうことか、考えてみましょう。

「やらなければいけない、あるいはやったほうがいい」ということはわかっていても、足が前に出ない、という状況でしょうか。

考えずに踏み出すと足を滑らせる、落とし穴がある、あるいはひどいときは地雷が爆発する、というのならわかりますが、そういった心配がないときでも足が出ない、ということですよね。

あるいは、行動したら失敗した、逆効果だった、怒られた、笑われた、やるべきじゃなかったと言われたなどで、「すぐに動く」ことが嫌になった人もいるでしょう。

たぶん、何が起きるかわからないから慎重に、ということだと思いますが、実際、その必要はありません。躊躇なく動いたほうがむしろ対処しやすくなります。

躊躇なく動くことで人生が変わると言っても過言ではありません。

くよくよしない

「すぐに動ける人」は、くよくよしません。

「くよくよする」とは、何かを決めて動き始めた後、「これでよかったのだろうか」「もっと他のやり方があったのではないだろうか」「何もしないほうがよかったのではないだろうか」「こんなことをして人がどう思っているのだろうか」と考え続け、行動もふらついていくことです。

言い換えれば、決めた後も、動き始めた後も、目の前のことに集中できずに頭や心がふらついていることです。

これは周囲の人には丸見えなのでやる気を削ぎますし、自分一人でやっていることにも力が入りません。

いっぽう、くよくよしない人は、このように悩むことがありません。

決めた後は突っ走るので結果も出やすくなります。周りの人も協力してくれやすくなります。好循環が始まります。

いいことだらけですね。

走りながら考える

「すぐに動ける人」は、検討が必要な場合も走りながら考えることができます。立ち止まることがありません。

人を巻き込むプロジェクトでも、一人で進めている資料作成でも、始めてから何か追加で検討しなければいけないことはいくらでもあります。その都度立ち止まると、勢いがつきませんし、再起動するときにかなりのエネルギーが必要です。

かなりのエネルギーが必要なのも問題ですが、どれほどエネルギーを投入しても二度と動かないということも起きます。動いても、前の熱意は消えてしまっていることが普通です。

「すぐに動ける人」は走りながら考えるので、そういうことがありません。走りながらでも余裕で状況把握をし、判断をし、対応できるので、問題を未然防止したり、うまく迂回したり、被害を最小限に留めたり、素早く片付けたりできます。

走りながら考えるのは、実はそれなりのスキルと姿勢が必要です。視野が広くないといけません。視点が高くないと、また十分に自然体でないとできません。
なので、それだけで人より断然仕事ができるようになります。

普段から準備をしている

「すぐに動ける人」は、普段から準備をしているので、あわてることがありません。何が起きるのか、何を準備しておいたほうがいいのか、わからなくてもわからないなりに、できる範囲の準備をいつもしています。何があっても生き残るタイプですね。

例えば、AI専門家を多数呼び、1000名参加のイベントを年4回開催しなくてはいけない部署だとします。

内外のAIベンチャーの社長、AI研究者、AIの業界専門家との接点を普段から作っておけば、登壇を依頼する際もあまり困らずに済みます。そのために普段から国内、シンガポール、サンフランシスコなどで開催されるAI関連イベントには参加して、顔見知りになっておきます。

あるいは、新事業部門にいる場合、マーケティング部門のキーパーソン、営業部門のキーパーソンと普段からつながっておけば、新事業の企画も実際の立ち上げも比較的スムーズにいきます。

「聞いてない」とか、「今進行中のプロジェクトとどっちが重要なんだ」とかの茶々が入りにくくなります。

いっぽう、何かをあわてて準備したり、間に合わなくて準備不足になったり、何かを忘れたり、仕込みが不足したり、根回しが不足したりすると、もちろん、ろくなことが起こりません。

一度しくじると、士気も下がりますし、挽回が大変です。挽回そのものが難しくなることもよくあります。

「すぐに動ける人」は、プロジェクトや自身の取り組みで今後何が起きるかいつも想定し、十分な準備をしているので、「さあきた」「ほいきた」と動けます。

これは圧倒的な強みです。

普段からきちんと準備しておいて
すぐに動くと、

迷いがなくなる。

第2章

「すぐに動けない人」とは

よいと思っても動けない

「すぐに動けない人」は、よいと思っても動けません。

仕事を進める上で他の部署の人にまず話したほうがいいとか、前任者の話を聞いたほうがいいとか、問題が起きてすぐ電話したほうがいいとか、明らかによいと思っていても動けず、無駄をしたり、問題を大きくしたりします。

迷っているわけでも悩んでいるわけでもなくて、動けません。

理由など全くないのです。

そういう人の背中を押そうとすることがよくありますが、「反対しているから動かない」ということではありません。本当に大した理由がなく、動いてないだけです。

「気が進まない」「ちょっと今の私には」「やろうとは思っているんですけど」「何となく今じゃない」などがよく聞かれるせりふです。嫌だという理由もそこまで明確ではありません。むしろ明確な理由など全くないと言ったほうがいいです。

これは、ある意味、深刻です。**動かない理由が自分でもわからない、なんとなく動きたくない**、というだけなので、対処のしようがないからです。

こういった人は、決して今の自分でいいとは思っていないので、動けない自分が決して好きではありません。むしろ自己嫌悪になります。

よいと思っても動けない、というところに根深い問題がありそうですが、深掘りしても答えはあまり見つかりません。最大の注意を払いながら質問していくと、根っこは愛着障害に行き着くとは思います（6日目で詳しく話をします）。

よいと思っても動けない人が、ちょっとしたきっかけで動きだすことは希にあるので、どうやってそのきっかけを提供するかが鍵かもしれません。

決めるまで時間がかかる

「すぐに動けない人」は、決めるまでに時間がかかります。「すぐ動ける人」ならすぐ、そうでない人でもある程度は動けますが、「すぐに動けない人」はあきれるほど時間がかかります。

決めるまでに時間がかかっても、より吟味してよりよい判断をし、よりよいアクションが取れるならそこまで悪いことではないかもしれません。ただ、そういうことではないのです。

あれこれ悩み、「ああでもないこうでもない」と言い、「やっぱり無理かもしれない」とぼやき、決めては蒸し返し、また人の意見を聞き直し、しばらく自分一人で考えてみると言い、**結局何も決められない**、そういう人です。

単に時間がかかるだけです。時間がかかるだけではなくて、場合によってはそのままなかったことになったりもします。

決めてからも延々と迷う

「すぐに動けない人」は、決めても延々と迷います。決めたのだからその方向に進めばいいのですが、そんな簡単にいくことはありません。

決めたのにもかかわらず、それでいいのかどうか迷い続けます。迷うのが趣味、あるいは生きがいではないかといつも思います。

当然ながら、そういう人は何度も何度も相談に来ます。そのたびに、前回説明して納得したことをまた蒸し返します。そこでまた同じくらい時間をかけて、結局は納得したりもします。ただもちろん、それで**前に進むことはあまりありません**。不思議なのは、こういった時間を取るのが申しわけないことだとはあまり思っていなさそうなことですね。

私は即断即決、即実行、即答をモットーとし、徹底的に実践していますので、決めても延々と迷う人の気持ちは正直言ってよくわかりません。本当はもう少しわかりたいのですが、難しいです。

本人自身にも、何のために、いったいどうして迷うのか、そこまでの理由はないのかもしれません。

悪いことばかり心配する

「すぐに動けない人」は、悪いことばかり心配します。

- **そんなことをすると誰かが嫌がるのではないか**
- **動いても失敗するのではないか**
- **動いてしまったことを後悔するのではないか**
- **うまくいかなくて皆の笑いものになるのではないか**

悪いことばかり心配するのが趣味、生きがいではないかと思えるほどです。**心配して何かが変わるわけではありません**。その間に何かの確認をするわけでもありません。もちろん、心配だからそれに対して何か対策を打つわけでもありません。

ただ、心配します。悪いことばかり。

もちろん、本人は自分が普通だと思っています。「私って心配しすぎかしら」と聞かれたことがないわけではありませんが、もし少しでも客観視できていたら、意味がないことが少しは理解できるのではないでしょうか。

心配してばかりで動けない人は
心配しても何かが変わるわけではない

すぐに動けば、いいことしかない

すぐに動けば、仕事が前に進む

すぐに動けば、仕事は前へ前へと進みます。どうしてすぐ動くことで仕事が前に進むのでしょうか。

「すぐに動いたって、他が動かないから意味ないよ」「そんな無理してすぐに動いても、ちょっとしたことだから、大してメリットはないよ」「すぐに動くと失敗するよ。準備不足のことを拙速というんだよ」、さらには「そんなに頑張りたくないよ。放っておいてくれよ」というのが本音でしょうが、実際、メリットは大きいです。

数え切れないほどあります。

すぐに動くことで優位に進められる

社内の大きなプロジェクトで他の部署に先行して動けば、**リーダーシップを発揮**しやすくなります。自分だけの活動でも、何かと先手を打てるようになります。何より、「やらなくてはいけないし、やれることなのに始められていない」という**ストレスがない**ので、気分がはるかにいいです。

すぐに動くと、周囲が驚く

すぐに動く人が決して多くないので、「え？　もうやったの？」「さっき話したのにもうやっちゃったの？」「どうしてそんなに速い？」「すごいなあ、仕事ができるなあ」となります。**勝手に感動してくれます**。ただ動くだけなのに、不思議なくらい効果は抜群です。周囲が驚いたり感動したりしてくれると、そのエネルギーがそのままこちらに伝わってきます。元気になります。もっとやろうと思えます。

すぐに動くと、うまくいかない場合もやり直しができる

PDCA（**Plan** 計画する、**Do** 実行する、**Check** 確認する、**Act** 修正する）を回す

機会が増えます。

したがって、最初はうまくいかなくても**すぐ修正して、結果が出ます**。なので、失敗がなくなります。

これは大きなメリットです。

他の人が「さて始めようか」とのんびりやっているときに、すでに一度チャレンジしてもう二度目のチャレンジにかかっているというのは精神的優位に立てます。気分がよく、元気が出ます。

すぐに動くと、チームが動く

プロジェクトのチームメンバー、関連部署なども引きずられて動くようになり、**全体としてスピードアップします。**

瞬時に動く人は
周りの人に驚かれ
上司に評価される

人には、誰かが先頭になって動くと、思わずついていく習性があるようです。お堀のカルガモだけではないですね。ゾウでも、バッファローでも、ガンでも、群れになる動物は皆ついていきます。「ハーメルンの笛吹き男」の物語もです。

すぐに動けば、上司が安心する

すぐに動けば、上司が安心します。上司の心配のほとんどは、自分の指示通りに部下が動いているかどうかだからです。

多くの部下が上司の指示があっても直ちに動くことはなく、やりかけの仕事を終えてからとか、翌日以降に取り組もうとします。忘れることも、無視されることすらあります。自分の都合のいいように変えてしまうことも珍しくありません。

ですので、**部下がすぐに動くだけで、上司は安心し、信頼してくれます**。心証が大変よくなります。上司が安心すると、より大きな仕事も任せてくれますし、上司への相談も必要なとき、すぐすることができます。

気になることがあったとき、気兼ねせずに確認できますので、大きな間違いや勘違いをしてしまう危険が減ります。上司の信頼はますます厚くなり、何かと頼られることも増えていきます。

すぐに動く部下には、次々に**重要な仕事を任せてくれる**ようになりますので、好循環が生まれます。「すぐに動く」のと「後回しにする、ぐずぐずする」のでは、天と地との差になります。

いっぽう、「上司がフィードバックしてくれない」「上司がむやみにせかす」「上司の気が変わる」「上司がえこひいきをする」など、上司への不満だらけの部下が多いとは思います。すぐに動くだけで上司が安心し、スムーズにやりとりができるならやらない手はないかと思います。

上司にも欠点はありますし面倒な点は否定できませんが、上司も人の子、すぐに動くことで信頼されるならいいのではないでしょうか。

すぐに動けば、意外に怖くない

すぐに動けば、意外に怖くないものです。

「何かあぶなくない？」「すぐやるの？」「後でもいいんじゃない？」「他の人がやってからやろうよ」などと「すぐに動く」ことを怖いと思う人は多いようですが、大した理由には見えません。

何かのきっかけや無理やりにでも動いてしまえば、杞憂だったことがわかります。

「あれ？　大丈夫だった」「何もなかった」「すぐに動いたらできちゃった」という感じですね。意外に怖くない、ということです。

すぐに動くのは、崖から飛び降りるのとは違います。高いところに上っているわけでも、足場がなくなるわけでもないです。**平らな道路で一歩踏み出すのと、あまり変わり**

はありません。

根拠なく怖いと思っているだけなので、大丈夫です。すぐに動くことにリスクはありません。自分で勝手に妄想を膨らませているだけです。

すぐに動けば、周囲を圧倒する

すぐに動けば、周囲を圧倒できます。この効果は大変大きいです。物事がうまく動きます。

すぐに動くことだけで**周囲から尊敬されます**。リーダーシップがある、力があると思われます。やる気があり、着いていきたいと思われます。

スキルや実績が変わらなくても、そう思われます。

不思議ですよね。言い負かすことなく、戦うわけでもなく、結果を出すこともなく、よりよい準備をするわけでもないのに、勝手に周囲を圧倒して動かすことができるわけですから。

人間、すぐに動く人に惹かれる、ということだと思います。

仕事を進めるには、いかに周囲を巻き込み、一丸となって結果を出すかが大事ですから、やらない手はありません。

すぐに動くことで周囲を驚かし圧倒し、一目おかれて進めていくことができるなら、やるしかないですよね。

すぐに動けば、先に試せる

すぐに動けば、新しい製品やサービスを**競合相手より先に開発し、先に試すことができます**。そうすれば、顧客・ユーザーの心をとらえることも、課題への改善点を先に見つけることもやりやすくなります。

一瞬の遅れが大きな違いを生むことは、皆よくわかっています。それでも会社が大きいとか、大企業病があるとか、危機意識が低いとか、いろいろな理由で遅れます。組織の中の一人がすぐに動き、他の人にも波及し、関連部署全体が動いていけば、大きなメリットがあります。

すぐに動けば、職場でも同僚に先駆けて試すことができます。

例えば、ChatGPTやClaude 3.5 Sonnet（クロード3.5ソネット）など生成AIを導入するとか、新たなタスク管理ツールを導入するとか、皆が躊躇していたり、逡巡したりしている間に動けば、先に試し、先にうまく使いこなせるようになります。

先に試していれば、他の人からも相談され、情報が集まります。社内でChatGPT普及推進委員会などが発足したとき、声がかかる可能性が高まり、そこでリーダーシップを発揮するチャンスも生まれます。

まさにこの分野で先んじて使いこなし、ブログも20本以上書き、社内でも目立つ存在になって一気に活躍の場を広げた方がおられました。

ちょっとしたことで、「ひょうたんからコマ」「わらしべ長者」のような思わぬ展開も生まれていきます。

すぐに動けば、好循環が始まる

すぐに動けば、好循環が始まります（詳しくは3編第2章で話をします）。

「好循環」とは、**自分が実現したいことが複数の追い風を受け、より簡単・確実に実行できるようになる**ことです。「好循環を生み出す」とは、自分が打ったいくつかの布石によって好循環を起こし、追い風を吹かせ、ねらいを実現することです。

ただの因果関係ではありません。

- **いくつかの布石を打っておく**
- **先手を打つ**
- **意識的に追い風を作り出す**
- **それらの結果によって、さらにもっとよい循環が起きる**

好循環は、上司・先輩が何かをやってくれるというものではなく、自分で種まきをし、しかけていって実現できることです。数か月後、数年後に大きな果実を生みます。それがすぐに動くことによって実現しやすくなるのですから、こんないいことはありません。

すぐに動けば、成長意欲が湧く

すぐに動けば、成長意欲が湧きます。

すぐに動くことで物事がスムーズに進んだり、人に先んじて動けたり、周りの協力を得られたり、応援してくれる人が現れたりして、元気が出るからです。これは「ニワトリと卵」かもしれません。**すぐに動くから結果につながって成長意欲が湧きますし、成長意欲があるからすぐに動ける**、とも言えますよね。

成長意欲を常に高く保つことができればそれに越したことはありませんが、多くの人はそうも言っていられないと思います。わかっていてもなかなかできることではありません。であれば、すぐに動くことで成長意欲を湧かせるのは、自分でコントロールできるので、かなり楽です。

成長意欲を維持するには、「やりたいことをやっている」という感覚が大切です。ただ、「本来やるべきことが何かがわからない」「やるべきことがわかったとしても、必ずしもやりたいとは思えない」とよく聞きます。

「本来やるべきことが何かがわからない」という点では、意外に多くの人が悩んでいるようです。上司からの仕事の指示があいまいな上、会社の将来や方針に説得力がなく、自分のキャリアについても迷いがあれば、本来やるべきことが何かが見えてこず、なかなか決められません。

例えば、ある技術開発に取り組んでいても、会社の方針がコロコロ変わり、自分の研究テーマにいつ日が当たるのか全く見えない状況が続くとつらいですよね。

また、「ともかく毎日200件コールしてアポを取れ」と言われても、本来の顧客獲得にはほど遠く、これが本当にやるべきことかどうかもわからず、結果も全く出ず、というような状況もつらいです。

二番目の、「やるべきことがわかったとしても、必ずしもやりたいとは思えない」ことはさらに問題です。やらなければならないのに、気持ちがついていかない、という状況だからです。

「やるべきことと、やりたいことが一致している」という幸せな人は十人に一人いるでしょうか。

この点、私はマッキンゼーに転職した際、全くついていけず、本来やるべきことが何かとか、やりたいとかやりたくないとか言うヒマさえ全くなかったのが幸いしたかもしれません。

右も左もわからないうちにソウルでのプロジェクトが決まって、クライアントから熱望されたために、そこから10年間、韓国に張りついていました。自分が望んだことだったかと言えば微妙なところですが、クライアントが真剣だったので仕事は充実していました。大きく成長できた機会でもありました。

第2編

「すぐ動く」を体得する7日間

ご存じのように、「すぐやる」ための本は数多くあります。目次にはそそられるテーマが並び、「今すぐちょっとやってみる」ことができそうな提案があふれています。

私もそういう本を結構買ったりもしました。だいたいは見開き2ページになっています。

一部の行動についてはその手法も適していると思いますが、見違えるように行動もレスポンスも早く、ダイナミックに動ける人になるには、もっと違った、より本格的なアプローチが必要です。

より本格的なアプローチとは、**すぐに動くための「スキル」「身のこなし」「考え方」が何かを学び、強化するための方法論も理解**し、**確実に取り組んでいく**ことです。

スポーツでも、細かなテクニック以上に、丹田を鍛え、筋力を鍛え、敏捷性を鍛えることで、超人的なボディコントロールができるようになっていきます。

今回、「すぐに動く」を体得する7日間を提案したのは、まさにそういう発想からです。

毎日の内容を理解し、真正面から取り組み始めていただければ、7日たった時点では別人になっています。

どの日の内容も、すぐその日から全部実行することは難しいかもしれません。難しいですが、それぞれの本質を理解し、その日から取り組んでいただくことで大きな変化が生まれていきます。

7日以降も、学んだプログラムに取り組み続けることで、驚くほど成長しておられるのは間違いありません。

1日目

7日でマスター①
～「即断即決、即実行、即答」の開始

即断即決、即実行、即答とは

「即断即決、即実行、即答」とは、**瞬時に判断して瞬時に決断し、すぐに実行する**ことです。

新規プロジェクトへの参加を問われ快諾する。

顧客から遅延のクレームを受けたら即在庫を確認して手配する。

上司から突然報告を求められたら、かいつまんで答える。

部署異動が決まったらすぐに新しい部署で成果を出すべく概要をつかむ。

そうした意思決定をぐずぐず先延ばしにせず、その場で決めて、即座に行動に移すことです。

そのためには**スピード感のある「決断力」と「実行力」が必要**です。

しかし、かなり仕事ができると言われている人でも、なかなか「即断即決、即実行、即答」ができていない、あるいはしていないことが多く、もったいないと思います。特に迷う必要のないことでも、大した理由もなくすぐに決めずにいたりします。

この点を変えれば、物事の見え方が大きく変わりますし、仕事がダイナミックに進むようになります。

「よりよい答えを見つけ出すための迷いではなくて、ただぐずぐずしているだけの迷いだった」、そういう迷いが多すぎる、ということだと思います。

さて、即断即決、即実行、即答できるのがどういうときかを考えてみると、

- **ともかく早くやったもの勝ちのとき**
- **結果がある程度予想できるとき**
- **だめでも挽回できるめどがある程度あるとき**
- **即断即決、即実行、即答しても問題なさそうなとき**
- **ともかく急いでいるとき**

- **二度目、三度目のとき**

となります。

いっぽう、即断即決、即実行、即答しづらいときもありますが、実際は、こんなケースが多いのです。

- **土地勘が全くないとき……とは言っても、誰かに相談すれば土地勘は得られる**
- **今決めなくてもいいとき……ただし、自分としての結論はすぐに出せる**
- **利害関係者が多く、慎重に動くべきとき……ただし、自分としての結論は出せる**
- **判断ミスをした場合に挽回できそうにないとき**

……これだけは慎重に。ただ、自分なりのシナリオは全部描いておける

つまり訓練していくと即断即決、即実行、即答できないことは実はあまりなさそうです。慣れていないと、おそらく瞬時の判断・決断には躊躇されるでしょうが、躊躇したり迷ったりしても問題解決の質が上がるわけではなく、単に時間を浪費しているだけだと思えば、動きやすくなります。

即断即決、即実行、即答の始め方

次に即断即決、即実行、即答をどう取り入れていくかですが、以下の判断をしながら即断即決、即実行、即答できる範囲を広げていくことをお勧めします。

① リスクがあまりないことであれば、意図的に即断即決、即実行、即答してみる

② リスクが若干あるものでも、リスクを最小化しつつ、意図的に即断即決、即実行、即答する

③ リスクが大きい場合、専門家、経験者などに根掘り葉掘り話を聞き、自分なりのめどをつける

④ 部署全体に即断即決、即実行、即答の文化を広げ、お互いに刺激を受けながら実践していく

例えば、今日の服は何を着ようか。ランチはどこに行こうか。
そんなことから「即、決めてみる」。
このすきま時間に、どの残務をこなそうか。

来月のミーティングの日程調整、チームに呼びかけよう。

Webで推されていた本、外回りついでに書店でチェックしよう。

同僚に聞かれた得意先の情報、即チャットで伝えよう。

そんなリスクの小さなところから、まずは動いてみるといいでしょう。


一人で仕事をする場合は、周囲に感動的な見本はないし、誰も丁寧に教えてくれないので、自分で工夫して即断即決、即実行、即答することが特に大切だと考えています。

これをやり遂げるかどうかで、人生の成功度合いがかなり決まります。

即断即決、即実行、即答は誰でもできる

「即断即決、即実行、即答は自分にはとてもできない」と思われたでしょうか。「仕事ができる一部の人だけができる」と思われたのではないでしょうか。

そう思われる気持ちはよくわかります。ところが、実はそんなことはないのです。

ささっと動くだけですので、誰にでもできることなのです。

即断即決、即実行できない人は、**能力がないのではなく、動き慣れていないだけ**です。その証拠に、例えばメール一つ打つのでも、ああでもないこうでもない、いややっぱりこうかもしれないと書きあぐねるのは、単に時間を浪費しているだけでその間に文章の質がぐんとよくなっているわけではありません。結局やれば同じ、ということも多くあります。

私自身、10年くらい前までは「即断即決、即実行、即答」は意識していませんでした。何となく早くは動いていましたが、言語化しておらず、そこまで体現できていたとは言いがたいです。

ところが、念仏のように「即断即決、即実行、即答」を唱えるようになってから自分自身も確実に着手が早くなったし、多くの人に勧めて、どんどんできる人が増えてきました。

結論として、「即断即決、即実行、即答」は特別な人だけができることではなく、生きる姿勢、取り組み姿勢のようなもので、本気で取り組めば誰でもできる、と確信しています。
背中を押してあげる必要は確かにあります。
数週間、疑問に答えたり、激励したりが必要なことも確かにあります。
ただ、**間違いなく、誰でもできるようになっていきます**。

即断即決、即実行、即答をするリスク

即断即決、即実行、即答をするリスクはゼロではありません。
ゼロではありませんが、躊躇するほどではありません。すばやく判断してすばやく動く、ということだけだからです。

意識して動いているので、特に大きなミスをしなくなります。太古の昔から、私たちの先祖は即断即決、即実行、即答をしていた、むしろできる人がライオンなどに食べられずに生き延びることができた、マンモスなどの獲物を仕留めることができた、とも考えています。

日本語としてはそれなりにわかりやすい言葉ですが、「即断即決、即実行、即答」と唱えている人はあまりいません。当然、そういう行動をしている人も少数だと思います。

ほとんどの人が即断即決、即実行、即答をしていない理由を考えてみると、そんなことができると思っていないからではないでしょうか。

実際は、そんなことはありません。

言われてやってみると「意外にできるし、明らかに物事がうまく進む」という感想をよく聞きます。動いてみると、別に何のリスクもなかった、ということを体感されるようです。ほぼ、「コロンブスの卵」のようなものです。

即断即決、即実行、即答は、早く動く、ということだけですので、特にリスクはありません。

あるとすれば、考えが浅く、何も考えていないのにやみくもに突進するときです。確かに少し危険です。ただ、それも一、二度ひやっとすると、次からは警戒しながら即断即決、即実行、即答ができるようになりますので、大したリスクではなくなります。

経験がなくても、実績がなくても、即断即決、即実行、即答に取り組めばすぐに慣れます。難しい話ではなく、「打てば響くように動く」ということだけなので、実は大してリスクがないのです。

即断即決、即実行、即答をしないリスク

むしろ、即断即決、即実行、即答をしないリスクのほうが大きいと言えます。

- **物事の進みが遅く、まとまるものもまとまらない**
- **すぐに動かないので、やる気がないと思われる**
- **準備も始めていたのに、何もしていないと思われる**

などですね。さっさと動こうと思えば動けるのに動かないときに、こういうことが起きます。

そんなことになったらバカバカしいですね。

即断即決、即実行、即答を**するリスクより、しないリスクのほうがはるかに大きいなら、自分には無理と決めつけず、やってみるといい**と思います。

私がお勧めした場合も、「自分には無理」と言われた方は、実は一人もいませんでした。「え？　そんなことするんですか？」「できるかなあ？」という感想は聞きますが、そこまでです。あえて言えば、怖い物見たさに近い感じで「わ、わかりました。やってみます」という反応のほうが多いです。

ブレークスルー講座に参加していただいた方には、初日からこの即断即決、即実行、即答に取り組んでもらい、毎日メールで結果を共有いただくのですが、仕事が速くなった、上司や周囲の見方が変わったなどいい話ばかりで、「困ったことになった」という感想は聞いたことがありません。

いったん即断即決、即実行、即答にチャレンジし始めると、思ったより問題なくできることに気づき、もっともっと即断即決、即実行、即答をしてみようと思われるようです。

「表面的だ」「軽率だ」といったフィードバックはほぼないかと思います。安心してやってみてください。

なぜ「表面的だ」「軽率だ」といったフィードバックがほぼないかと言えば、普段から考えていて情報収集も熱心にしていれば、そう安易に間違えることはない上、すぐに動くので上司のイライラが起きないことが大きいのではないでしょうか。すぐに動いていれば、修正も容易なので、問題はほとんど起きません。

即断即決、即実行、即答の習慣化

即断即決、即実行、即答は、習慣化が大切です。
即断即決、即実行、即答は誰でもやればできます。
やってみると、全然難しくないことに気づかれるはずです。
最初はとまどうかもしれませんが、急激に慣れます。

例えば、次のようなことが自然にできるようになります。

- **新規プロジェクトに、まっ先に手を挙げる**
- **アイデアが浮かんだら即、企画書を作り提案する**
- **現場で必要な資格取得のため、1日30分の勉強を始める**
- **朝届いているメールは全て出社後30分で打ち返す**

多くの方の変化を見ていると、即断即決、即実行、即答は、実は自然なことではないかとも思えるほどです。**躊躇せずにすぐ決めて、すぐに動くだけのこと**だからです。萎縮していなければ、普通にできることですよね。

後回しにしていたことも
全部すぐに
打ち返す！

会社だと、上司が高圧的だとか、人事評価面談で厳しいことを言われているとか、プロジェクトがうまく回っていなくて針のむしろだとか、そういった理由で萎縮しがちです。それがなければ、もっと自然にできることのように思います。

即断即決、即実行、即答は誰にでも間違いなくできますし、やっていると仕事ができるようになっていいことずくめです。ぜひ習慣化にチャレンジしてみてください。最初のうちは、「あ、そうだった。即断即決、即実行、即答をしなければ」と思い出したりするかもしれません。ただ、慣れてくると、ごく自然にできるようになっていきます。

即断即決、即実行、即答の注意点

即断即決、即実行、即答をする上での注意点があります。

①「瞬時にやっている」アピールをせず、巻き込んでいく

即断即決、即実行、即答は決して難しいことでもありませんし、誰でもすぐに取り組んでいただきたいことです。

それでも上司によっては「軽率だ」「考えが浅い」「もっとしっかり考えろ」と否定してくることがないわけではありません。

ですので、**慣れないうちに職場であえて即断即決、即実行、即答をしていると言わないほうがいい**でしょう。

言わずにさっさとやればいいのです。

実績も出てきて職場で一目おかれるようになったら、自然にそれが当たり前になっていきます。

まずは同僚が「すぐに動いてすごいなあ」と感心してくれます。尊敬の目で見始めてくれます。

その次は先輩たちも同じように尊敬の目で見始めます。彼らが相談に来たりします。

相談を受ければ受けるほど、情報が集まるので、より仕事ができるようになりますし、人が動いてくれるようになりますので、好循環が始まります。

さらに続けて、結果もこれまで以上に出るようになると、上司が「最近頑張ってるな」というような感じで接してくるでしょう。

それでも、「実は即断即決、即実行、即答をしています」とは決して言わないほうがいいのです。「何を生意気な」と思う上司もいるでしょうし、「何？　調子に乗るなよ」と嫉妬半分でいさめてくる上司もいるでしょう。

部下を褒めて伸ばそうというより、叩いてなんぼと考えている上司のほうが圧倒的に多いからです。残念ですが、上司も人の子です。

②視点を上げて状況把握する

もう一つの注意点は、**状況を十分に把握してから即断即決、即実行、即答を始める**、ということです。

そこら中に落とし穴があるのに、何も考えずに走り抜くことはできません。

顧客に新規の案件を持ちかけられたとき、よく確認もせずに「はいできます！　何でも任せてください」と即答するのは、リスクが大きく無責任とも言えます。

- **技術的に可能なのか**
- **他部門は連携してくれるのか**
- **コストは見合っているのか**
- **上司・会社の方針に合っているのか**
- **組織の空気が読めているのか**

などを把握した上で加速したほうがいいのです。

状況把握は言うほど簡単ではありませんが、2日目で学ぶ**「経営者の視点・社長の視点」でいつも考える**ようにするとできるようになります。

同じく2日目で「言語化」スキルを身につけて、瞬時に状況を把握し、即断即決できるようになりましょう。

ありがちな誤解

- 即断即決、即実行、即答は、
スキルがないとできない

- 即断即決、即実行、即答は、
誰でもできることではない。自分にはとても無理

- 即断即決、即実行、即答をすると
表面的になり、危険。間違える

- 即断即決、即実行、即答をすると、浮いてしまう

理解チェックポイント

- 即断即決、即実行、即答は誰でもできる。
これまでの癖、習慣でゆっくりやっているだけ

- 即断即決、即実行、即答をしたほうが、
仕事はスムーズに進む

- 即断即決、即実行、即答のリスクはほとんどない

- 即断即決、即実行、即答をしているというのは、
結果が出てから言えばいい

1日目の取り組み

1. まずは簡単なことからすぐに決め、すぐに動いてみる（お昼に何を食べるかなど）
2. 仕事に関することですぐできることはやってみる（特に、メールの返信など）
3. 同僚の質問に即答してみる
4. これまで手がつかなかった業務、放置されていたプロジェクトに取り組んでみる
5. かけなければいけない電話、提出しなければいけない書類など、一気にやってみる
6. 上司の質問に答える際、必ず理由を3つ言ってみる
7. 上司の質問にはこれまで以上に即答してみる
8. これまで放置していた、何か大事な意思決定を一つしてみる

7日でマスター②
～問題把握・解決力を強化

問題把握・解決力って何？

問題把握・解決力とは、仕事でもプライベートでも、**何が問題かをすぐに把握し、解決していく力**のことです。

すぐに把握と言っても、問題が起きる前に予想し、未然防止することもできますので、そうなれば、さらに初動を早くできます。

- **事業を進めていく力**
- **新しい企画を立案・提案する力**
- **新事業や新サービスを生み出す力**
- **顧客クレームにすぐに対応し不満を満足に変える力**

などがまさにこれです。

そういう力は一部の人だけのもの、特に力がある人だけのものと思っていたかもしれません。それがそうでもないのです。ちょっとしたポイントを押さえれば、問題把握・解決力は比較的早く身につきます。

問題把握・解決力で必要な要素は、「**分析力**」「**深掘り力**」「**洞察力**」です。それがあって初めて真実に近づきます。

分析力

これは、多角的に見て、数字を集めたり整理したりし、特徴をとらえたメッセージを生み出す力です。言葉は固い印象を与えますが、誰にでもある能力です。「西に黒い雲があるとしばらくしたら雨が降るぞ」とか、「固い地面のある部分が湿っていたら掘り下げると水が出てくるかもしれない」とかそういった能力です。太古の昔からすべての人が持っている能力だと思います。

深掘り力

分析力のうち、特に物事を深く掘り下げる力を言います。表面的な現象、発言、理由づけなどをすべて疑い、「いや、そうじゃないかもしれない」と検討を進めていきます。深掘り力があれば、上司に「君の言うことは表面的で、通り一辺倒だね。新しさがないよ」などと言われなくて済みます。

深掘り力と「瞬時に動く」こととは相反しません。スピーディーに深掘りしていけば、どんどん知見が生まれて、成果につながっていくからです。

洞察力

表面に何が見えるかではなく、本質が何なのか、本当はどうあるべきかを鋭く見抜いていく力のことです。騙されずに真実を把握する力と言ってもよいでしょう。深掘り力に近いですが、どんどん掘って真実に近づくというよりは、鋭く一発で見抜いていく感じです。

この3つは、近い表現ですが少しずつ違う点もあるので、キーワードとしては分けて考えるようにすると、理解が深まっていくと思います。

いつでもすぐに仮説を立てて動く

問題把握・解決力を身につける上で、**「いつでもすぐに仮説を立てて動く」**習慣がとても大切です。

仮説を立てるとは、「多分こうではないかな」と予想することです。**ねらいをつける、**と言ってもいいかもしれません。

テレビを見ようとしてつかないと、「あれ？　リモコンが故障しているのかな」とまずは思うのではないでしょうか。次には「リモコンの電池がなくなってしまったのか」と電池を替えたり、「テレビのコードが抜けているのかな」と考えて、コンセントを確認したりするかもしれません。

このように**「多分こうではないかな」と次々に考え、動いて問題を特定していきます。**

次々に考えることで一気に問題の本質が見え、どうすればいいかも見えてきます。

料理でも、スポーツでも、楽器演奏でも、英語学習でも、「どうもうまくいかない」「こうしたらどうかな」「ああしたらどうかな」と考えながら試行錯誤をして、改善していきます。

いつでもすぐに仮説を立てて動くことが習慣になっていれば、仕事もそれ以外もどんどん前に進むので、すごく楽です。

仮説思考は誰にでもできます。仮説思考を本気でマスターする5つのステップをご説明します。

❶ いつも最初から「こうしたらいいかな?」「ああしたらいいかな?」と考える

いつも最初から「これかな?」「あれかな?」と考えることを習慣にします。そうすると、**いつも頭を使い、いつも仮説を考えることが癖に**なり、楽しくもなっていきます。難しく考える必要はありません。すなおな気持ちで疑問を感じてください。

② 「こうだとするとこうかな、ということはああかな」と推理する

次に「こうだとすると、こうかな、ということはああかな」と推理していきます。**推理をどんどん深めていく**ことがポイントです。「こうなら、こうかな」と推理できる人は多いと思いますが、それをさらに二度、三度繰り返せる人は少数です。ぜひチャレンジしてみてください。

③ 人の話を常に疑い、どんどん深掘りしていく

人の話を常に疑い、どんどん深掘りしていくことが仮説思考では何より大切です。**人の話はほとんど間違っている**と思っても、行き過ぎではありません。ウソをつくつもりは全くなくても間違っていることはごく普通にありますし、本人の利害関係からゆがんでいることもありますし、考えが浅すぎることもよくあります。

④ 表層的な問題ではなく、本質的な問題を常に考える

こういう問題があると聞いたら、表面にとらわれるのではなく、本質的にどういう問題があるのかをいつも考えるようにします。例えば、「会議が多い、長い」と言

われたら、「会議の種類が多いから」「会議時間が長い」とだけ考えるのではなく、「役割分担ができていないのではないか」「権限委譲が進んでいないのではないか」「意思決定するべき人がしていないからではないか」とかをすぐに考えます。

❺本質的な問題に対する本質的な解決策を常に考える

本質的な問題が把握できたら、本質的にはどういう解決策が必要かを考えます。本質を押さえているので、間違った無意味な解決策になることは避けられます。そうなると、常に効果的な仮説思考が体現できることになります。

仮説思考が苦手な方もいるかもしれません。

ただ、たぶん、苦手意識があって、本当はできるのに避けていることのほうが多いのです。生真面目だったり責任感が強すぎたりすると、そうなりがちです。

また、いろいろ想像するより、決まったことだけやっていればいい、決まったことだけやっていたい、という方もいます。そういう方には違和感があるかもしれません。

ただ、仮説思考ができると確実に仕事ができるようになりますし、気分もよくなっていきます。すぐに動けるようになり、さらによい結果につながります。そのためには、少し発想を変えてみるとよいかもしれません。世界が急速に広がっていきます。

仮説はいい加減に「エイヤ！」ではなく、**常に感度を高く保ち、何に対しても自分なりの考えを持つこと、持とうとする**ことが大切です。

インタビュー、データの分析なども進めると、新たな仮説がどんどん湧いてきて、仮説を修正し、あっという間に鋭い、確かにそうだろうなと思えるような仮説が立てられるようになります。

このプロセスのスピードとダイナミックさについていけない方もいるので、あなたが気持ちよく仮説を話してもついてこられない部下、友人、後輩がいたら、決してバカにせず、丁寧にステップと仮説を修正していったプロセスを説明してあげてください。

それ自体で仮説の正しさを確認することもできますし、新たな仮説を思いつくきっかけにもなります。

仮説はだいたい正しい

仮説思考が苦手な人、仮説思考に慣れていない人は「仮説なんかいい加減だ」「でたらめだから、意味がない」と考えがちかもしれません。

私もコマツのエンジニアとして6年働いた後、マッキンゼーに転職した際は、かなり強くそのように考えていました。「仮説思考なんかできないし、やってもでたらめだ」と、本気で思っていました。

ただ、半年もすると、少し考えが変わっていきました。

仮説思考というのは「思考シミュレーション」であり、**与えられた条件、わかっている状況の中から「こうではないか」と推定すること**だと理解できるようになったからです。

しかも、仮説はだいたいが正しいということもわかってきました。

もちろん、そうなるためには、普段から物事をよく考え、情報収集を熱心に行い、疑問があったら放置せずにすぐ確認し、気がついたことを適切に発信することが大切です。

このとき大事なのは、**ちょっとした違和感を無視しない**ことです。

「あれ?」「本当にそうかな?」と思ったらすぐに掘り下げていきます。人に聞いたり、自分でもちょっと調べたりしてみます。

人間の知覚は極めて優れているので、無視しさえしなければ、新しい発見につながります。問題把握・解決の感度が上がり、大きく外すことはなくなっていきます。

なので、「仮説はだいたい正しい」と言えるようになります。

常に自分の頭で考える

仮説思考に慣れるには、常に自分の頭で考えるようにしておくことも重要です。

「自分の頭で考える」とは、よく聞く言葉かもしれませんが、いまいち何を言っているのかがよくわからない、ということはないでしょうか。

普通に「考える」と何が違うのでしょうか。

違いは、「自分の」「頭で」があるかないかですよね。自分で考えるということです。

別の言い方をすると、「**人に言われたことを鵜呑みにして受け売りはしない**」ということです。

「鵜呑みにする」とは、批判的精神なしに、言われたまま「その通りだ」と受け止めてしまうことです。少しくらいおかしいと思っても、「あれ？　そうなのかな？」と感じても、「まあいいや、そう言うんだから」と流してしまうことです。

そのようにしていると、当然、自分の頭で考えて納得するということがなくなっていきます。

鵜呑みにしてはいけない媒体

ネット記事、新聞、テレビなどには間違いは多いですし（もちろん本も）、鵜呑みにしたら絶対にまずいものも多数あります。むしろ、いっさい鵜呑みにしてはいけないと言ったほうがいいかもしれません。

間違いもあれば、勘違いも、意図的な歪曲も、一部の事実を隠して印象操作をすることもごく普通です。

誰も、何も頭から信じてはいけません。発言を継続的にフォローして、この人はまともだ、この人の言うことは信じてもよさそうだと思える人のみ参考にします。

SNSに流れてくる投稿などはその最たる物で、フェイクニュースだらけです。でも、その中にキラリと光る素晴らしい情報もあります。

「受け売りしない」ということ

「受け売りする」とは、人に言われたことを批判的精神なしに、吟味なしに、あたかも自分で考えたかのようにそのまま人に伝えてしまうことです。

「誰かが何かを言っていた」と聞いたまま伝えることもあれば、誰に言われた、誰から聞いたとも言わず、むしろそれを伏せて、自分が考えたかのように言うこともあります。

間違っていたら自分が恥をかくこともあるわけですが、そういうことは気にしません。

背伸びしたい人がやりがちです。自分の意見、知識に限りがあり、劣等感もあるので何かちょっとよさそうなことを聞くと、あたかも自分が考えたかのように人に話します。間違っているかもしれないし、ウソかもしれないし、意図的な歪曲かもしれないのですが、そもそもそんなことを考えないのだろうと思います。

その真逆が「常に自分の頭で考える」です。そのほうが人として尊敬され、注目され、人にも頼られ、仕事で活躍する機会も増えていきます。

自分の責任で情報収集し、仮説を立て、発言し、課題に取り組み、成果を出して、仮説の正しさを実証します。

いちいち情報の裏を取っていては、「瞬時に動けない」と思うかもしれません。しかし仮説構築、実行、検証、修正のステップもすごい速さで回しますので、最初は思いつきでも、一気に精度が上がっていきます。自分で考えているので、誰かに依存したり、どこかにブラックボックスがあったりしません。

これは誰にでもできることです。やればやるだけ、うまくできるようになりますし、成果も上がって自信がついてきます。周囲の見る目も変わっていきます。

「常に自分の頭で考える」人は問題把握・解決力を徹底的に鍛え上げていくことができます。

言語化がすべての出発点

問題把握・解決力を強化する上で、言語化がすべての出発点になります。

言語化とは文字通り、**感じたこと、思ったこと、心に浮かんだことを言葉にして表現する**ことです。

頭の中でも「楽しい」「これ好き!」「こんどこうしよう」とかはもちろん浮かぶわけですが、言葉にして表現する、すなわち**文字で書くことが大事**です。

文字にすることと、ただぼぅ〜っと考えていることの間には大きな差があります。

- **文字で書くと、考えが明確になる**
- **「ああかな、こうかな」と行ったり来たりすることも減る**
- **書いたものをベースに積み上げていくこともできる**
- **何がわかっていて、何がわかっていないのかもわかりやすくなっていく**

なので、言語化が大切で、そこがすべての出発点と考えています。

言い換えると、「**考えは言葉によってなされる**」ということ、そして「**感情も言葉にできる**」ということです。

頭の中はもやもやしていることが多いと思います。いろいろな言葉が浮かびますよね。言葉にならない言葉が浮かんでは消えることも日常茶飯事です。それを頑張って言葉にします。浮かんだ瞬間に言葉にしてみます。

言葉にしてみると言っても、頭で考えているだけだとフワフワしたままで明確にならないので、**紙に書き出します。**

あれこれよからぬことが浮かんでも、かまわず書いていきます。「かまわず」というのは、人の名前も、欲望も憎しみも悔しさも、全部そのまま書いていきます。

何となく嫌な気持ちのときでも、頑張って書き出してみます。

そうすると、全部吐き出した後、不思議と少しだけ前向きになれます。

また、毎日の生活や仕事の中で、こうしたらという思い、アイデアが生まれる一方で、「でも、だめじゃないか」「そんなの無理に決まっている」「自分にはとてもできない」という気持ちも湧き起こってきます。不安が湧いてきます。

これも手間をいとわずに全部書き出すといいのです。きれいにまとめようとせずに、そのまま言葉にして書き出していきます。数ページ数分で書くだけですから、あっという間にできます。

そうすると、こうしたらという思い、アイデアの全貌が目の前に浮かび上がってきます。実は気になるところも、いいと思っていることも、全部吐き出されていきます。

何かが気になって次のレベルまで考えられなかったところにも、気を配れるようになります。

これが、言語化がいかに大事か、ということです。

「論理的」「合理的」は気にしない

「あなたの説明は論理的ではない」「もっと合理的に説明してくれないかな」と言われてへこんだ経験はありませんか。

これらの言葉は一見まともそうに聞こえますが、私は危険な言葉だと考えています。人のやる気を削いでしまうからです。

もちろん、「論理的」とは「筋が通っている」「説得力がある」という意味でも使いますし、数学の証明は論理的にしなければなりません。ただ、普通の会話で使うと棘があります。

「合理的」とは「無駄がない」「費用が余計にかからない」という意味でも使いますが、会話の中で相手に向かって使うと、「おまえ、頭悪いな」になります。

いずれにせよ人をバカにしているように聞こえるので、これらの言葉は自分では使わないほうがいいでしょう。

ただ、残念ながら、上司や先輩に言われることは避けられません。

「論理的ではない」「合理的ではない」と言われて困るのは、どこをどう直せばいいかがよくわからないからです。

書いた本人は納得して書いています。いいと思って書いています。

そこを切り捨てられ、かつどこがどうおかしいか指摘されたり改善案を示されたりすることはほぼないので、途方に暮れるのです。

そのようなときは、「論理的」「合理的」という言葉にビビることなく、冷静に対応を考えましょう。

「論理的ではない」と言うとき、往々にしてその上司の頭の中で、あなたの立案や説明のどこかに飛躍があって「よくわからない」「理解できない」のです。そのまま言うと「負けた」気がするから、上から目線でつっかかるのですね。

ならば、**「この人はどこまで理解ができていて、どこから迷子になったのだろう」と冷静に質問や言動から見極めて、理解を導いてあげましょう。**

「合理的ではない」と上司が言うとき、提案や説明じたいに論理の齟齬はないけれど単に賛成しづらいだけかもしれません。それで、違う視点から反対しているのだと考えれば対処は簡単です。**上司を観察し、懸念を払拭するような論拠や提案をする**ことで賛成しやすくすればよいのです。

普段から情報収集をし、疑問を解消し、上司よりも上の、社長の視点で考える習慣が身についていれば、「論理的ではない」「合理的ではない」という言葉に登場する機会を与えません。説得力のある、考えが深い報告書を作成することができるでしょう。

「論理的ではない」「合理的ではない」が口癖の上司は

「論理的ではない」「合理的ではない」と指摘をする上司は、自分が部下のときそれらの言葉を言われると嫌な気持ちになったはずなのに、上司の立場になったら平気でぶつけてきます。「自分がされて嫌だったことは、自分もしないでいよう」という発想はないんでしょうね。部下を本気で育てようとしていないからだろうと想像します。

そのように理解できれば、あまり怖くはなくなります。ビビらなくなります。「論理的ではない」「合理的ではない」という言葉を聞いたら、「あ、この上司は自信がないんだな」と思ってください。それで精神的にはずっと楽になります。

もちろん、指摘された部分は冷静に判断し、強化するべきところは強化すればいいのです。

上司の立場で見たとき、部下が作成した報告書の分析が表面的で、説得力がないことはよくあります。

そうしたときは、「この部分がちょっと説得力がないから、こういうふうにしようね」という言い方をするとよいと思います。そのほうが「論理的ではない」「合理的ではない」と断罪するよりもはるかに救いがあるからです。

社長の視点で常に考える習慣

問題把握・解決力を強化する上で一番大切な一つは「社長の視点で常に考える」ということです。

大事にもかかわらず、できていない人、やっていない人、想像もしたことのない人がほとんどなので、これだけで大きな差を生みます。

確かに、「社長の視点で常に考える」と言っても、そう簡単にはできません。

ただ、社長の視点で常に考えられるようになる方法がいくつかあります。

その一つが社長の視点でこうしたことを常に考え、それを毎日3〜4ページ、**A4メモ書き**することです。

続けていれば、上司より上の視点を持つことができますので、「君は視点が低いね」とか「もっと考えてくれよ」と言われることが減っていきます。

社長の視点でA４メモ書きする

ここで、**A４メモ書き**について簡単にご説明したいと思います。
もともと２０１３年出版の『ゼロ秒思考』でご紹介し、数十万人が取り組んでおられる方法です。

最初は、マッキンゼーに入社した際、上司や先輩から多くのことを指摘され、とても覚えきれないのでそれを書き留めることから始まりました。ノートに書いたり、メモ帳に書いたりしましたが、量が増えると整理しきれず、試行錯誤の結果、一件一葉が重要であることに気づき、A４用紙に書くことにしたものです。

具体的には、次のように行います。

- **A４用紙を横置きにし、左上に浮かんだテーマを、右上に日付を入れる**
- **本文は4～6行、それぞれ15～20字前後で書くだけ**

ここまでは普通のメモとあまり変わりませんが、

●頑張って1ページ1分で書くこと
●毎日10～20ページ、頭に浮かんだときに書くこと

がポイントです。

そうすれば頭の中がすっきりして、どんどん頭がよくなる感覚を得ていただけると思います。

だいたい3週間書き続けていただくと、会議でも人の話がよく理解できるようになり、発言がより説得力を持つようになるので、ご自身でも驚かれると思います。

迷いがなくなり、行動も断然速くなっていきます。

詳しくは『ゼロ秒思考』(ダイヤモンド社刊)をご覧ください。

これまで多くの上場大企業、中堅企業、ベンチャーを支援してきましたが、「社長の視点で常に考えている方」にお会いしたことがほぼありません。

取締役、事業部長、部長、課長、皆さん、ご自身の業務を進めるのにせいいっぱいで、

社長の視点で考えることはないようです。たまに考えることもあるのかもしれませんが、少なくともそういった視点からの発言を聞きません。

課長は自分の仕事をこなすので大変ですし、部長は部長でより大きな責任を果たすので余裕がありません。不平・不満はよくあります。

だからこそ、この本を読んでいる皆さんには、次のようなテーマで「社長の視点で常に考える」ことを強くお勧めしたいです。

● 自分が社長なら、この会社をどう成長させていくか
● 社長なら自分の業務にどう取り組むか

時間は全くかかりません。毎日3〜4ページのA4メモ書きをするだけですから、3〜4分です。それで大きな差を生み出すので、ぜひやってみてくださいね。

毎日、社長の視点で数ページA4メモを書くことで、頭が鍛えられます。

慣れるためにも、まずは今日、ぜひ1日目の「即断即決、即実行、即答」に関して、A4メモ書きをしてみましょう。

- **どういう情報がもっと必要なのか**
- **情報がないときにはどう仮説を立てるのか**
- **即断即決、即実行、即答をするとどういうリスクがあるのか**
- **即断即決、即実行、即答をしないとどういうリスクがあるのか**
- **これまでの自分はどのくらい萎縮していたのか**

社長の視点で物を考えられるようになると、瞬時に取り組めるようになります。

こうお勧めすると、大企業の方からは「社長に会ったことがないから、どう考えるかなんてわかりません」とよく言われます。

それに対して、私は「そうですか。でも、株主総会や全社集会とかありますよね。YouTube の動画もあります。探して、それで書いてみてください」とお伝えしています。

何日か書き続けていただくと、しっくりくるようです。

「社長もただの人です。皆、悩みがあるし、嬉しいこともあります。もっと社長の立場になりきってみてください」ともお伝えしています。

私も、コマツに新卒から8年在籍（うち2年は留学）しましたが、社長の顔を見たことも、声を聞いたこともなかったし、雲の上の上の上の人で想像もつかなかったので、気持ちはよくわかります。部門長の方針や上司の指示はリアルですが、社長とは縁がなさすぎました。

「社長の視点で常に考える会」を作る

社長の視点で常に考えられるようになる2つ目の方法は、同期や少し先輩、少し後輩で気の合う仲間数人で**「社長の視点で常に考える会」を作る**ことです。

月1回、1時間、社長になりきって議論します。

社長、副社長、技術担当役員、営業担当役員、財務担当役員などと役割を決めて議論してもいいでしょう。

普段いっさい経験しないことなので、新鮮に感じますし、発想の転換ができます。頭の体操にもなります。

このとき、ちょっとした小道具が役に立ちます。Ａ４用紙を横置きにし、二度折って三角の筒を作ります。「社長」「○○担当役員」などとマジックで大きく書いて机の上に置くと意外に臨場感が出せます。

会議室などで「経営会議」を１時間やって、それから居酒屋などに行くとさらに盛り上がるでしょう。

社内で他の人に見つからずにできればいいですが、難しければどこかのレンタルルームなどを毎月決めて予約したほうが気兼ねなくできます。

私ならば、例えば毎月、最終金曜日の19時～20時30分に、皆が集まりやすい会社の近くのレンタル会議室を押さえ、20時30分から近くの個室居酒屋などを予約しておくと思います。

AI社長と議論する

社長の視点で常に考えられるようになる3つ目の方法は、ChatGPTなどの生成AIとやりとりすることです。

音声で対話できますので、「ChatGPTに社長になってもらって、副社長として事業の方向について議論する」設定や、「自分が社長になって、ChatGPTに証券アナリストとして厳しく突っ込んでもらう」設定などで対話します。

社名を伏せて、会社の状況を簡単に説明して、なりきってもらえば、かなり臨場感のあるやりとりができます。

一人ですぐできることなので手軽ですし、仲間と会議室でやる場合に使っても刺激になるかもしれません。

社長の視点で考えるメリット

社長の視点で考えるメリットを改めて考えてみると、いくつもあります。

社長、経営者が何を考えているのかがわかるようになる

会社が大きければあまり縁がないわけですが、それなりに肌で感じられるようになります。そうなると、普段、**上から降りてくる経営方針や突然の変更などが、背景も含めてより理解できるようになります。**

「わかってないなあ」「まだ青いなあ」などと上司から嫌味を言われることが激減する

視点が上がるので、上司から見たら安心感が増します。

ビジョン、経営方針に沿った言動を取りやすくなる

同僚や、場合によっては上司よりも、動きがよくなるかもしれません。部下への説得力も増します。

上司や仕事への不平・不満が減る

「なぜこういう指示があるのか」「なぜ方針が突然変わったのか」など、理解しやすくなるからです。

ともかく、いいことずくめです。

多面的に考える

問題把握・解決力を強化するもう一つの効果的な方法は、多面的に考えることです。

自分中心に物事を考えていては視野が狭く、相手の立場で考えることができません。

そうなると問題の把握も、解決策の立案も甘くなってしまいます。

これも、「視野が狭いなあ」「もっといろいろな方向から考えられないのかなあ」という上司の嫌味なため息で身がすくんだ経験をされた人が多いのではないでしょうか。

私もマッキンゼーに転職した頃は多面的に考えることが全くできず、しかもどうやったらいいかもわからずに、どよんとした気持ちでいました。

今回、皆さんにお勧めしたいのは「**多面的なA4メモ書き**」です。

多面的A4メモ書き

A4メモ書きをする際、先にお伝えしたように、1分で1枚、**頭に浮かんだことをその場で、とにかくばらばらに書いていきます。**

普通はそれでいいのですが、特に考えてみたいテーマがあるとき、あるいは特に気分が悪いときなどは、多面的A4メモ書きが適しています。

1ページで終わらず、あちらこちらの方向から続けざまに書いていくやり方です。

例えば、「次回のイベントでこれまで以上の集客をするには？」を考えたい場合。そのタイトルのメモを書いたとすると、それに続けて次の10ページほどのメモを手書きしていきます。

もっと書く場合もあります。

集客のしかた、事前告知のしかた、Xやインスタの活用のしかた、参加者とのコミュニティの作り方、当日の盛り上げ方など、まだまだあります。

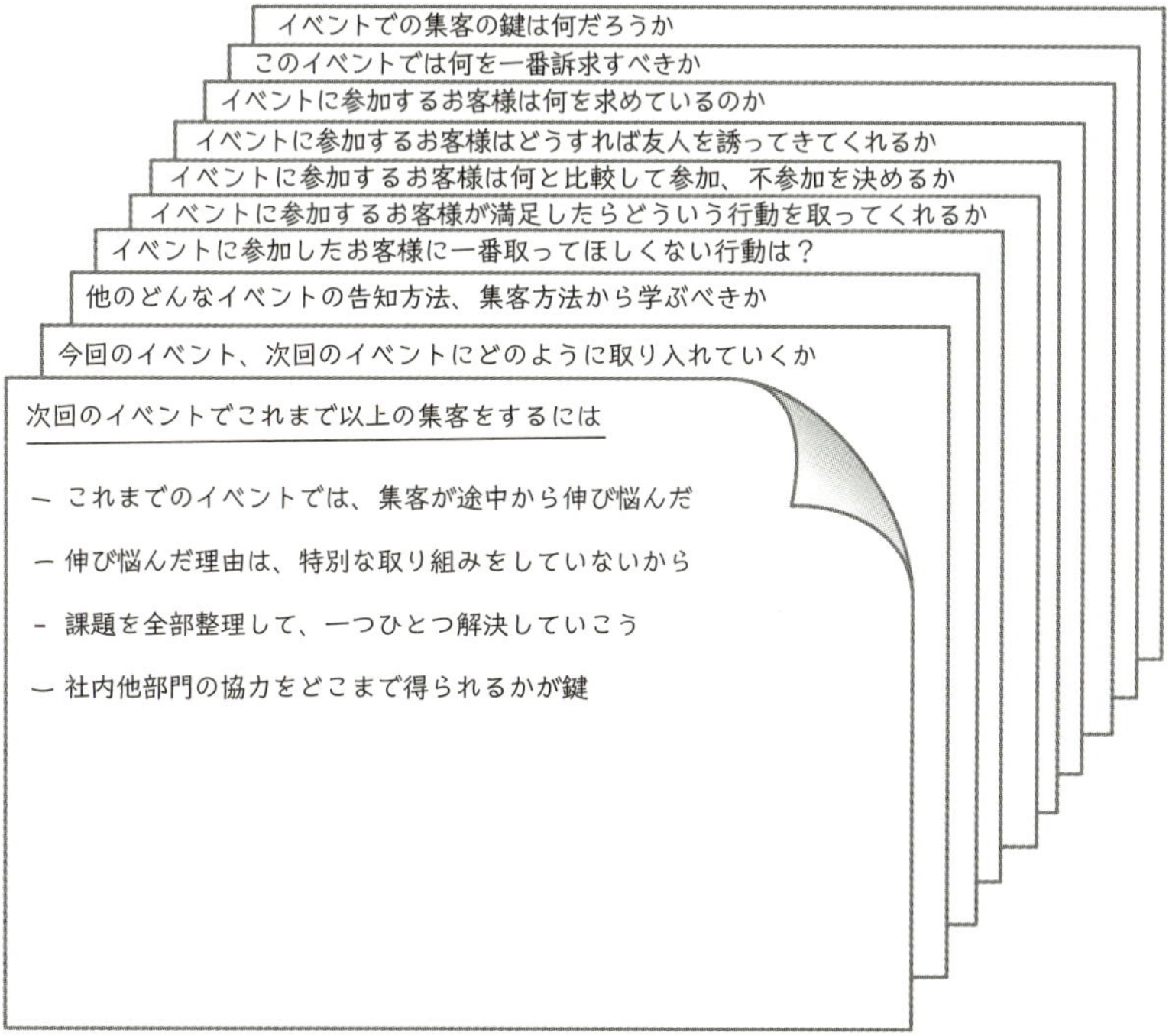
イベントでの集客の鍵は何だろうか
このイベントでは何を一番訴求すべきか
イベントに参加するお客様は何を求めているのか
イベントに参加するお客様はどうすれば友人を誘ってきてくれるか
イベントに参加するお客様は何と比較して参加、不参加を決めるか
イベントに参加するお客様が満足したらどういう行動を取ってくれるか
イベントに参加したお客様に一番取ってほしくない行動は？
他のどんなイベントの告知方法、集客方法から学ぶべきか
今回のイベント、次回のイベントにどのように取り入れていくか
次回のイベントでこれまで以上の集客をするには
― これまでのイベントでは、集客が途中から伸び悩んだ
― 伸び悩んだ理由は、特別な取り組みをしていないから
- 課題を全部整理して、一つひとつ解決していこう
― 社内他部門の協力をどこまで得られるかが鍵

また、例えば「**上司はどうしてあんなに理不尽なのか**」というタイトルのメモを書いたとすると、それに続けて次の10ページほどのメモを書いていきます。こちらも、気持ちが収まらなければ20～30ページになることもあります。

各ページ、タイトルを書いて4～6行、各20～30字を1分で書きます。

ただ、「多面的A4メモ書き」をする際は、**タイトルだけ次々に書いていく**ことをお勧めしています。

1つ目のタイトルを書いたら2つ目、続いて3つ目のタイトルを書き、場合によってはその3ページ目には本文も思いついた分だけ数行書きます。さらに4つ目、5つ目、6つ目のタイトルを書いていきます。タイトルがどんどん浮かぶので、消える前にすぐさま書き留める感じです。

そうやってタイトルを書きながら、書けるページは数行ずつ本文も書きます。行ったり来たりして全ページを仕上げます。10ページなら10分で、15ページなら15分で書き上げるイメージです。

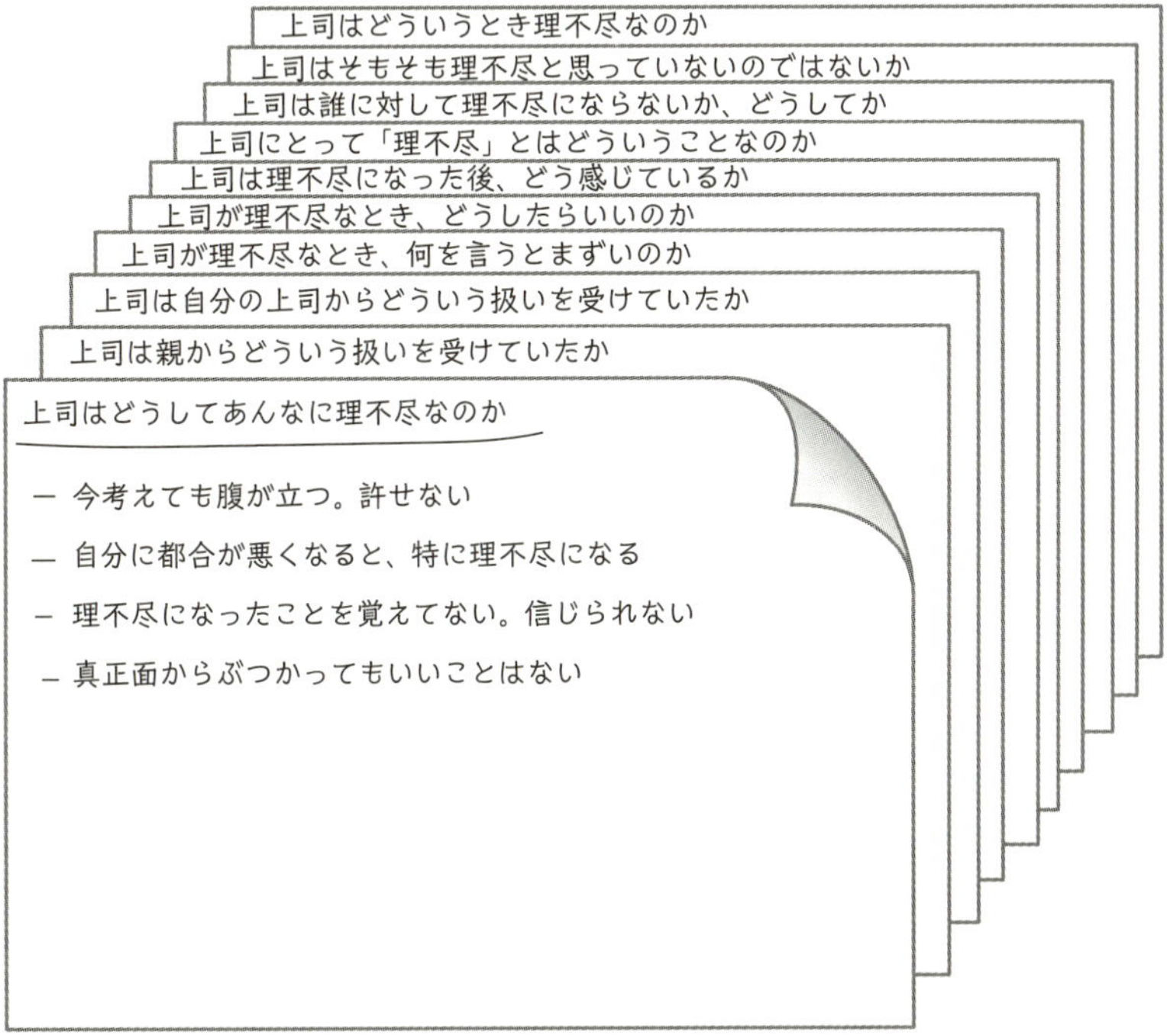
上司はどういうとき理不尽なのか
上司はそもそも理不尽と思っていないのではないか
上司は誰に対して理不尽にならないか、どうしてか
上司にとって「理不尽」とはどういうことなのか
上司は理不尽になった後、どう感じているか
上司が理不尽なとき、どうしたらいいのか
上司が理不尽なとき、何を言うとまずいのか
上司は自分の上司からどういう扱いを受けていたか
上司は親からどういう扱いを受けていたか
上司はどうしてあんなに理不尽なのか
— 今考えても腹が立つ。許せない
— 自分に都合が悪くなると、特に理不尽になる
— 理不尽になったことを覚えてない。信じられない
— 真正面からぶつかってもいいことはない

このやり方なら、せっかく浮かんだタイトルを漏らさずに書き留められるので、多面的なA4メモ書きが楽にできます。

多面的メモ書きのメリット

多面的に考えることができれば、視野が広がります。

視点も高くなります。

自分だけの狭い視点で何かを信じ込んでしまったり決めつけてしまったりすることもなくなっていきます。

相手の立場で考えることができるので、洞察力が増します。

相手の気持ちへの配慮もできます。

組織や人がなぜ動くのか、動かないかも肌感覚で理解できるようになります。

全体をよく考えた判断ができるので、誰かに突っ込まれることがなくなります。

誰かに突っ込まれることがないと思えば、自信も湧いてきます。

自信が湧いて、自身の問題把握・解決力に頼れるようになります。

仮説もこれまで以上にすばやく立てられるようになりますし、言語化も瞬時にできるようになります。

「論理的ではない」「合理的ではない」という指摘もされなくなりますし、そもそも気にもならなくなります。

社長の視点で常に考えることが力まずにできるようになります。


ぜひ多面的に考えることを習慣にしてください。

まずこれを読んだ今日これから、さっそく書いてみてください。

問題把握・解決力が一気に強化されたことを感じられると思います。

ありがちな誤解

- 自分は頭が悪いから、仕事ができない
- 頭の良し悪しは生まれつきで、今さら変えられない
- 頭を訓練することなど、とてもできない
- 彼は頭がいいから仕事がよくできる
- 仕事ができる人には到底かなわない
- 仮説思考など、とてもできない
- 仮説思考は危険だ。間違える
- 社長の視点で物を考えるなど、無理だ
- 多面的に考えることはできない。目の前のことさえわからないのに

理解チェックポイント

- どんなことにもすぐ仮説を立てることが大切
- ぱっと思った仮説はだいたい正しい
- どんなときも自分の頭で考えるようにしていると人は成長する
- もやっとしたままではなく、言葉にすることが本当に大切
- 「君は論理的じゃないね。もっと合理的に説明してくれないかな」と言われても気にしない
- 社長の視点でいつも考えるようにしていると、成長する
- いろいろな方向から多面的に考えるようにすることはできる。しかも、成長し自信も湧く

2日目の取り組み

1	気になること、もやっとしたことはすぐA4メモ書きをする
2	TVCM、電車の広告を見て、誰に何を訴求しているかすぐ仮説を立ててみる
3	ネット記事を読んでも、本を読んでも、「どうしてそうなのか」考えてみる
4	ユニクロの何がいいのか、どうなればもっといいのかを考え、A4メモを書く
5	ChatGPTなどAIがどこまで発展するか考え、A4メモを書く
6	同僚の話で理解しづらいことがどういう意味か考え、A4メモを書く
7	同僚が何を考えてどう発言しているか考え、A4メモを書く
8	上司が何を考えてどう指示しているか考え、A4メモを書く
9	上司の発言を上司の立場で多面的に考え、A4メモを書く
10	社長方針の理由、背景を考え、A4メモを書く
11	すべて「こうかな、ああかな」「だとすると、あれかな」と考える習慣にする
12	考えたこと、感じたことは、信頼でき安心できる同僚、友人に話してみる

3日目

7日でマスター③

〜情報収集力の徹底強化

情報収集が大きな差を生む

すぐに動くためには、**今自分がどういう環境、状況にいて、どこにチャンスがあり、どこに危険が潜んでいるかをいつも把握しておく**ことが大切です。

そうした客観的な視点を持つために、日頃情報収集をしてフラットな視点を得ておくこと、そして何か情報を得たいと思ったときに短時間で深く情報を摑む手法を身につけておくことは非常に役立ちます。

情報収集を徹底的にやっている人はかなり少数なので、大きな差が生まれます。

情報収集のしかたは、この10年で大きく変わりました。

以前は本や雑誌を読み、展示会に行ったり人に会ったりして理解を深めるくらいで、かなりよくやっているほうでした。それでも十分でした。

今は違います。情報収集のスピードが何倍にも速くなりました。情報収集の幅、種類、メディアが広がり、網羅度・徹底度も上がりました。

- **Googleアラートで普段から最新情報に触れる**
- **ChatGPT、Claude、Perplexityなどの生成AIですばやく全体像を把握**
- **納得するまで深掘りして、YouTubeなどの有用動画を倍速などで視聴**

展示会に参加したり、詳しい人を見つけて話を聞いたりすることの重要性は以前から変わりませんが、それ以外の飛び道具がえらく充実した感じです。

ということは、それを常に使いこなしている少数の人と、使いこなしていない、乗りこなしていない人との差がものすごく開くということです。常に使いこなしている人はすばやい判断をし、どんどん動き、大きな成果を出します。

使いこなしていない人は、「え？ そんなの知らなかったよ。iPhoneにいつの間にそんな機能が加わったんだ？」とサービスを企画する際にあわてふためき、「え？ 金融庁の規制がいつ強化された？ これだったら事業の方向を見直さないとまずいよ」と事業の継続そのものに黄色信号がともったりします。

新しい情報収集の手段について、一つずつご説明します。

Googleアラートで普段から最新情報に触れる

Googleアラートは、設定したキーワードを含む過去24時間の記事をすべて毎日決まった時間に送ってくれます。無料です。最新情報を取り漏らすことがないので、大変ありがたいです。

以前からありましたが、以前も今も、使いこなしている人は驚くほど少数です。私にはなぜか理解できませんが、一部上場企業の部課長クラスでも1割程度です。ワークショップをやるたびに手を挙げてもらうのでわかります。

私はベンチャー共同創業と企業の経営改革に取り組んでいる関係上、200近くのキーワードを設定して毎朝読んでいます。

一般の方でも30〜40登録して関連記事を毎日読むと、**最新情報を逃しません。**同僚も上司も読んでいないことが多いので、「おお、やるなあ！」という目で見られることが多く、尊敬されます。自信がつきますし、仕事もやりやすくなります。

自信をつけることができる貴重な機会なので、これを逃す手はないと思います。

Googleアラートの効果的な設定・使用法

次のような使い方をお勧めしています。

まず、Googleアラート https://www.google.co.jp/alerts で、取りたいキーワードと情報を受信するメールを指定します。日本語の記事、英語の記事を指定できますので、必要に応じて両方設定します。

さらに、送信時間も設定できますので、始業前にチェックできるように6時などに設定しておくとよいでしょう。

毎朝、受信トレイに届いているGoogleアラートからの通知メールをざっと眺め、**比較的大事ではない3分の2をその場で削除**します。残ったメールを開き、関心がある記事をクリックします。記事は都度より、**全メールを処理してからまとめて読む**ほうが早く読めます。

これを今日から週7日、1年365日続けます。

土日も、ゴールデンウィークも、年末年始もです。

3分の2を削除するのは、読み切れないからです。

それだったら、設定から削除すればいいのではないかと思われるかもしれませんが、これまでに設定した全キーワードを毎朝ざっと見ると意識づけができますし、削除したり追加したりの時間がもったいないからです。

なお、Googleアラートを設定するとき、デフォルトでは「件数=上位の結果のみ」

となっていますので、これを「**件数＝すべての結果**」に変えます。そうしないとキーワードによっては記事が絞られすぎてあまり来なくなるからです。

また、Googleアラートでは、「A **AND** B」でAとBのキーワードを両方含む記事のみ表示する、「A **OR** B」でAとBのキーワードのどちらかを含む記事を表示する、となっていますが、実際は結構いい加減です。例えば、「EV　AND 電池」で登録すると、本来は「EV向け電池」に関する記事のみが送られてくるはずですが、実際は「EV」という言葉を含む記事、「電池」という言葉を含む記事の両方が送られたりします。あきれながらも、余計な記事は目視で飛ばしていきます。

最後に、Googleアラートではキーワードが多数あっても毎日1通に集約して送ってくるやり方もありますが、それよりキーワードごとに別々に送らせる設定のほうがいいでしょう。そうでないと、その日見ないことにしたキーワードの分の削除ができないし、端から処理していくことができないためです。

生成ＡＩですばやく全体像を把握し、しつこく聞く

徹底的な情報収集のためには、生成ＡＩですばやく全体像を把握し、しつこく聞くことが重要になりました。

主に、**ChatGPT** と **Claude 3.5 Sonnet**、ＡＩ検索の **Perplexity** などです。

これらが数か月単位で急激に進化しているので、そのときどきでもっとも使いやすいものを徹底的に使いこなしていきます。

自分で必死になって最先端を行かなくても、きっと周囲の誰かがものすごくはまって「今はこれがいいよ」とか喜んで教えてくれるはずです。私も周囲に何人かいます。彼らのアドバイスに基づき、使いこなしています。

最初は ChatGPT が圧倒的でしたが、１年ほどしたら、Claude 3.5 Sonnet のほうが日本語には強くなりました。Perplexity は生成ＡＩをやりとりに使った「ＡＩ検索」で、Google 検索よりもはるかに使いやすくなりました。

画像生成ＡＩもいろいろありますが、一般的なビジネスパーソンの業務ではそこまで使わないかと思いますので、ここでは割愛します。

一言で言えば、欲しい画像のイメージ、構成要素を日本語で表現してChatGPTに指示し、画像生成ＡＩ向けのプロンプトを作成してもらいます。思ったような画像が出るまで、試行錯誤が必要です。

生成ＡＩの問題点

生成ＡＩは大変役立ちますが、**事実に関して間違った回答をする**ことがときどきあります。それをハルシネーション（ＡＩが事実に基づかない情報や存在しない情報を生成してしまう現象）と呼び、今、生成ＡＩを使う上で一番気をつけなければいけないことです。

生成ＡＩは、質問に対して素晴らしい文章で回答するので、鵜呑みにしがちです。外部に出してしまい、間違いが発覚することがあります。

米国の弁護士事務所がそれで大恥をかきました。判例を調べた結果が一見まともでしたが、すべて生成ＡＩのいい加減な作文だったわけです。

「渋谷の人気ラーメン店を上位10店教えて」という質問にも、存在しないそれっぽいラーメン店の名前を列挙したり、存在しない住所の番地をもっともらしく答えたりするので、要注意です。

誤情報に基づかないよう、いくつか必ず確認してみてください。また生成ＡＩは事実関係の確認にはあまり使わないのが賢明でしょう。

検索を劇的に変えたPerplexity

いっぽう、ＡＩ検索であるPerplexityは、ネット検索を劇的に変えました。

例えば、メルカリの米国での事業状況について調べるとき、従来は「メルカリ　米国　事業　業績」といった形で検索していました。どういうキーワードを並べて検索結果を絞り込むかが腕の見せどころだったわけです。あるいは、もっと単純に「メルカリ　米国」で検索し、出てくる記事の中からそれっぽいものを片っ端から読んだりしていたと思います。

有用な記事をすぐ見つけられることもありますが、結構たくさん読まないと欲しい情報を見つけ出せないことも多く、手間がかかっていました。いくら読んでも欲しい情報に行き着かないこともよくありました。

ところがPerplexityであれば、「メルカリの米国事業の状況について詳しく説明してください」と日本語でそのまま質問できます。**人に質問するそのままの言葉を書けば、数秒で答えてくれる**ので素晴らしいです。もっと知りたければ、質問を続けることで、さらに具体的に答えてくれます。

わかりにくければ**「小学生にもわかるように説明してください」と聞く**と、さらにかみ砕いて答えてくれます。

私はこの指示を頻繁に使うので、「しょわ」で単語登録しています。小学生の「しょ」、わかるようにの「わ」ですね。単語登録はこのように最初の言葉の1〜2文字、次の言葉の1文字の組み合わせで表現すると思い出しやすく、重複することもあまりないのでお勧めです（詳しくは、4日目でご説明します）。

ChatGPTやClaudeとの違いは、調べてくれた元のリンク先が表示され、かつ、回答の最後に「こういう質問はいかがですか」と発想を広げる質問リストをつけてくれることです。「あ、その質問は思いつかなかった」と発想の刺激になるので、私は助かっています。

例えば、「ライオンとトラはどちらが強いですか」という質問をすると「身体が大きく、一人で狩りをするトラのほうが強いです」という答えとともに、関連質問として「ライオンとアフリカゾウはどちらが強いですか」「トラとインドゾウはどちらが強いですか」など、確かにそれも知りたかった、どうしてその質問を思いつかなかったのだろう、というものが提示される、ということです。

これは重要です。発想の柔軟さ、好奇心の強さはいわゆる「頭の体操」でもあり、問題把握・解決力の強化に直結します。

ＡＩを今から使いこなす

ＡＩは爆発的に発展し続けます。先頭を走る必要はありませんが、そのときどきで使えるツールは使いこなす必要があります。

うまく使えば、生産性が何倍にも上がります。ＰＣが出たとき以上だと思います。そのうちに使おうかと様子見していると、使いこなしている人に全く追いつけなくなってしまいます。

東京・大阪の移動に在来線を使う人がもはやおらず、ほとんどが新幹線か飛行機に変わりました。それと同じです。使えるものは使う、というだけです。

「時速200キロ以上だから危ない」とか、「空を飛べば墜ちるかもしれなくて怖い」とかはもう言いませんよね。

同じように、生成ＡＩには若干リスクもありますが、注意すれば避けられる程度のものなのです。

YouTubeは宝の山

YouTuberが話題になりがちなため、YouTubeは娯楽として認識されているかもしれません。

面白動画、ミュージックビデオなど楽しいものも多いですが、実際は決してそれだけではなく、仕事上も、また自分の成長上も、大変役に立つものが多くあります。

海外のAI、自動運転、ロボット、インターネット、IoT、ブロックチェーン、代替エネルギー、半導体、医療、食料、農業、ファッションなどのカンファレンス動画などが見放題です。世界経済、政治、紛争の最新状況も簡単に把握できます。大統領候補や、政治家、著名大企業のCEOなどのインタビューも無数にあります。

英語字幕を出すことも**日本語字幕を出す**こともできますし、**生成AIを使って日本語でのサマリーも見る**こともできます。

私の活用法を少しお話しします。

先日は、ロボットのプログラミングに関して、進化の考え方を取り入れた画期的な研究成果をYouTubeで見ました。コンピュータの中で、数千台のロボットを数千世代も進化させるという発想が私にとっては極めて刺激的でした。「そうか、こういうことができれば、物理的な制約なしにいろいろなものを驚くほど発展させることができるぞ」ということでわくわくしています。

また、私は国際情勢や世界の歴史に関して強い関心を持っていますので、1年近く、毎日1時間以上、主に英語動画を視聴しています。移動時間はすべて聞いていると言っても過言ではありません。

ウクライナやパレスチナなどの世界情勢についてであればいつでも講演したり議論したりできるほど、深い理解を得られたと思います。宗教についても圧倒的に理解が深まりました。

これらはネット記事やGoogleアラート、生成AIなどでは得られません。

専門家や優れたジャーナリストの本気のコンテンツ、命がけの報道から得られるものは何ものにも代えがたいです。

ちなみに、時間を節約するため、私は日本語なら再生速度を2倍速、英語なら1・5倍速にしています。慣れれば十分できます。英語力がものすごく上がりますので、一石二鳥ですね。

YouTubeで膨大な情報に常に多面的に触れていると、**自分が何を知っていて、何は知らないか、どういう情報に影響されているか、何を知らずに済ませていたか**、以前より断然よくわかります。世界情勢への解像度が劇的に上がりました。これは大きな自信になります。

皆さんも、ぜひご自身の興味・関心に基づき、YouTube動画を徹底的に見られるとよいと思います。自信がつきます。そうすると、どういうときでもすぐに動ける状況に近づいていきます。

「現地・現場」「展示会」「講演会・セミナー」で生情報に触れる

情報収集で大切なことは、ネットでの情報だけに限らないことです。

ネットでの情報が本当なのかあやしいのか、情報提供者が真実を伝えようとしているのか騙そうとしているのか、判断するためにも、また裏読みをするためにも、必ず生情報に触れる必要があります。

生情報は、現地・現場、展示会や講演会・セミナー、勉強会などで得られます。

現地・現場

現地・現場に行くことができる場合はもちろんすぐ直行します。現地の子会社などはそれですね。その事件・事故が起きた場所、あるいは開発が行われている実際の場所、商品が売られたり、使われたりしている場所です。

「事件は現場で起きているんだ!」のあれです。自分の目で見なければ、その場に行ってみなければ、わからないことがたくさんあります。今流行っているお店に行ってみるなども同様です。

現地・現場にすぐ行ける場合は、**いかにすぐに動くかが鍵**になります。

午前中に事件・事故が起きたら新幹線、飛行機、タクシーなどを使って午後には現地・現場に行っているそのスピード感と姿勢が問題解決に役立ちます。問題の本質を把握することが容易になります。

競合がいる場合は、競合にも一歩も二歩も先んじることができます。

展示会

展示会は、ご自身が関心を強く持っている分野、情報収集が必要な分野の展示会やカンファレンスに2〜3か月に一度は行くことをお勧めしています。

各ブースで提供している最新の情報に触れると、知識が現実になっていくことが感じられます。

展示会が開催されるのは東京が圧倒的に中心です。東京で10回開催されるとしたら、関西圏は2〜3回もあればいいほうで、それ以外の地域では比較できないほどわずかしか開催されません。

幕張メッセ、東京ビッグサイト、東京国際フォーラムなどで頻繁に開催されていますので、関東圏在住でない人も何とか都合をつけて行かれるとよいと考えています。出張扱いにできない場合、休暇を取ってでも行く価値があります。

例えば、最先端IT・エレクトロニクス総合展であるCEATEC（シーテック）、日本最大級のIT関連展示会であるJAPAN IT WEEK、東京ゲームショウ、FOODEX JAPAN、国際物流総合展、国際ガーデンEXPOなど、限りがありません。

展示会の探し方ですが、Googleアラートに関連キーワードを登録して記事を読んでいると、これは行きたい、行くべきだ、絶対行こうと思えるような展示会が紹介されています。また、幕張メッセなど会場ごとにWebにイベントカレンダーが載っています。

私はこれだと思った展示会には迷わず参加してきました。

参加する場合は、すべての展示をまずさっと見て、それから特に気になったブースを重点的に見ていきます。ブースには各社で開発責任者など、相当できる人が説明員として立っていることが普通なので、納得できるまで質問できて、貴重な機会になります。気になったものはすべて資料ももらってきます。

講演会・セミナー

講演会・セミナーも大変貴重です。対象は3種類考えるといいです。

- **第一の領域：自分の業務に直接関わること**
- **第二の領域：その周辺のテーマ**

●第三の領域：さらにその外側で関心・関係あるテーマ

例えば、自動車会社で経営企画をしている場合、第一の領域は、自動車産業の需要動向や欧州などの規制、テスラ、BYDなどの動向などになります。

第二の領域は、EVやバッテリーの技術動向、自動運転技術の発展と社会変革、モビリティサービスの動向などに関してでしょうか。

第三の領域は、AIの発展、AGI（汎用人工知能）の可能性、量子コンピュータの実用化、クラウド、セキュリティーなどが挙げられると思います。

こういうふうに分けて取り組むことにより、情報感度を上げて今何を学んでいるのか、どの部分をもっと強化すべきかなどがはっきりと見えてきます。

講演会・セミナーに参加する場合、一見大したことはありませんが実は大事な点が3つあります。

講演会では前に座る

席は**できるだけ前のほうに座る**こと。日本人はとかく真ん中かうしろから座る傾向がありますが、前に座ったほうが講演者に近く、スクリーンも見やすいので、よく理解できます。

講演者と名刺交換し御礼メールを出す

前の席からだと演台にも近いので、講演が終わった直後、講演者に駆け寄って一番に挨拶して、感想をお伝えしましょう。早く行かないとあっという間に行列ができます。後がつかえているので一言二言がせいぜいですが、名刺交換をして、**その日のうちにすぐ丁寧なお礼メールを出す**のがポイントです。

講演で印象に残った言葉を添えて、感謝の気持ちを伝えます。自分が何者で、どういうことをしていて、特に感銘を受けた、ということを真摯に表現し、できれば食事にお誘いしてもっとお話をお伺いしたいと書きます。

メールの内容が丁寧で誠意が感じられれば、少なくとも2人に一人以上は会ってくれると思います。

私も講演することが多い立場ですが、相手の年齢によることなく、気持ちのこもった内容のあるメールをいただいた場合は、なるべくお会いするようにしています。

●講演前に軽く情報収集しておく

また、講演会・セミナーのテーマについては**事前に15分でもいいので、記事をいくつか読んで**いきます。

そうすると頭に入りやすくなりますし、より的確な質問ができるようになります。これは講演者へのマナーのようなものですし、問題把握・解決力を強化しようとする人の必須の心構えでもあります。

●講演の最後に質問をする

最後に、できればですが、講演時に**なるべく質問する**ことです。

一度でも質問すると、内容が強く頭に残ります。

日本人はほとんど質問しないので、抵抗があるかもしれませんが、理解が一気に深くなるので、やらない手はありません。これも問題把握・解決力を強化する上で重要です。

詳しい人に聞くのが一番

情報収集のためには、詳しい人に聞くのが一番です。

「何が大事で、何はそうでもないか」「世の中ではこう言われているけれど、本当はこうだ」と聞けば一発で理解できますよね。全体像をすばやく把握できます。

日頃情報収集していない分野の情報を短時間で収集、分析してすぐに動きだしたい場合にも有効です。

ネット情報ではこうはいきません。

もちろん、その人が本当に詳しいのか、偏っていないのか、悪意がないのかは、普段から確認し、信用できるかどうか確認しておきます。

どう見つけるかですが、講演会・セミナーで講演された人、そこで知り合った人、社内、友人、友人の紹介者、オンラインサロンなどのコミュニティなどではないでしょうか。

こういう活動を何年も続けていれば、いろいろな分野で詳しい人との関係ができていきます。そうすれば、何かあったとき、詳しい人に遠慮なく聞けるようになり、すぐに動けるようになります。

参考に、私の経験をお話しします。

数年前、ＤＸに関する素晴らしい YouTube 動画が紹介されました。それまでＤＸという言葉は知っていましたが、具体的にはほとんど理解していませんでした。ただ、この動画にショックを受け、これは本気で勉強すべきと即座に考えて、何人かの専門家にすぐ話を聞くことにしました。

SIer の25年選手には、ＤＸへの取り組みを詳しく聞きました。そうすると、その会社ではかけ声だけであまり実態がない、ということがわかりました。SIer の業者的なメンタリティーがわかり、ＤＸ推進のスキルも実際は微妙であることを理解し、彼らには難しいのだろうなと肌感覚として感じられました。

また、親しいスーパーエンジニアにはＤＸへの理解、考え方を聞き、もう一人のエンジニアには、DXの開発上の意味合いを聞きました。

その上で改めて100近くの記事を読みましたが、全体感があったので、理解が早く、深くなりました。

本が賢くしてくれる

情報収集の上で、本はもちろん欠かせません。**最低でも月4冊、できれば月10冊読む**ことをお勧めしています。

月4冊とは週1冊ですから、あまり読書してこなかった人にはかなりハードルが高いかもしれません。

今は、ネット記事、YouTube、生成AIなどから手軽に情報収集ができますが、読書も劣らず重要です。

内容が体系的であり、質が比較的高めで、考えるヒントがたくさんあるからです。

優れた著者が書いた本の質は圧倒的です。内容が深いし、学ぶことだらけです。感動的です。読むとものすごく賢くなった気持ちにすらなります。

私は数十年にわたり、毎月10冊、年間120冊以上読んできました。忙しいときは月数冊のこともありますが、後の月で挽回して、年末までに追い越すようにしてきました。12月27日から15冊読んで、その年はぎりぎり121冊で終了、というようなこともあります。

そこまでしても、月10冊以上にこだわっている理由は、そうしないとデジタル情報に時間の大半を奪われ、本を読まなくなっていくからです。

何を読むか

どの本を読むかは、それぞれの方の興味・関心で決めていただければいいですが、私は**仕事に関わる本以上に、心のひだを増やすような読書を特に重視**しています。

例えば、以下のような興味に関する本です。

・スティーブ・ジョブスやイーロン・マスク、ジェフ・ベゾス、柳井正さん、孫正義さんなどがどのような努力をしてきたのか
・彼らの異常なまでの集中力と実行力はどうやって生み出されたのか、どういう生い立ちなのか
・中国では、漢民族が頻繁に異民族に支配されてきたが、どういう背景なのか。本当は何が起きていたのか
・愛着障害や発達障害がどういうもので、どのようにすれば人間関係を改善できるのか
・人とのコミュニケーションはどうすればうまくいくのか
・人間はいかに進化してきたのか
・宗教はどうして生まれたのか

価値ある本に出会うために、運営しているオンラインサロンやブレークスルー講座への参加メンバーのお勧めの本、Facebookグループなどでのお勧めの本、ダイヤモンドオンラインなどで紹介されている本の中で興味を引くもの、重視している分野の本、をほぼ即断即決で買います。

また、素晴らしい本に出会った場合は、その著者の他の本もほぼ全部買います。期待を裏切られることはほとんどありません。

心の中で音読しないこと

本を読むとき、一つ大切なのは、心の中で音読しないことです。

音読とは、文字を見たとき、瞬時に意味を把握するのではなく、例えばお・ん・ど・くと心の中で小さく音を出してそれで初めて理解することです。

私のセミナーで何度か確認してみたところ、3分の1近くの方が心の中で音読していたのでびっくりしました。

日本語は**漢字ひらかな交じり文なので、見た瞬間に意味がわかります。**心の中で音読しなくても意味が頭に入ってきます。

読書スピードが3倍くらい速くなりますので、心の中で音読している人は何としてもやめる努力をしてみてください。例えば、夢中になって読める軽い小説とか、もっと先を読みたいと思えるようなものを読んでいると、見た瞬間に意味を理解できるようになっていくと思います。

紙の本がお勧め

本に関しては、紙の本がいいのか、電子書籍がいいのか、常に議論を呼びます。これは好みの問題ではありますが、私としては、紙の本をお勧めしています。

理由はいろいろあります。

紙の本であれば、大事なところには黄色のラインマーカーで線を引き、特に重要なところには赤のペンで線を引いたり、コメントを一言書いたりすることができます。素晴らしい本の場合は、全体の3分の2くらいのページに黄色のラインマーカーで線を引くこともあります。

電子書籍でももちろん同じような機能がありますが、**利便性と達成感**が大きく異なります。

電子書籍のもう一つの問題は、紙の本のように一瞬で書棚全体を見たり、手に取ったりできない点です。スマホを手に取り、ホーム画面を立ち上げ、そこにあるKindleアプリを立ち上げるといくつかの本が見えるだけですから。

もちろん、書棚の場所から離れていても確認できるのは長所ではありますが。

図書館で借りるか、購入するか

図書館で借りるのはどうか、という質問もときどき受けますが、よほど軽い読み物とかでない限り、大事なところに線が引けないので、あまりお勧めはしていません。

費用に関しては、1冊1500円として、月に4冊なら6000円、10冊読んでも1万5000円なので、**購入して線を引き、自分のものとして吸収できる価値**を考えれば、妥当ではないかという判断です。投資リターンは大きいです。

ただ、『三国志』など、キンドルで無料で読める青空文庫は最大限活用させていただだいています。

読んだ後に売ることはしない

読書後、メルカリなどで売ることはしておりません。いい本には黄色のラインマーカーで線を引いていますし、もともと厳選して購入しているからです。また、はずれだと思った本も、売ることに時間を使うのがもったいないと考えています。

「本が多すぎて引っ越しができなくなる」というふうに聞くこともありますが、月4～10冊であれば、何とかなる範囲ではないでしょうか。

ネットで発信すると、貴重な情報が集まる

情報収集をするには、どんどん発信することが大切です。

発信しないで情報収集だけしていても、誰にも知られず、よい情報も集まってはきません。

効果的に情報収集するには、自分の考えを発表し、こういうことを考えている、ということを知ってもらう必要があります。

いろいろ考えていて、話したくなるような人には、感度の高い行動的な人が寄ってきて、ネットや本では得られない貴重な情報が集まります。

では、どのようにすればいいのでしょうか。

一番手軽でかつ効果的なのはブログを書くことです。少し準備をすれば、自分の関心分野で誰でもブログは書けるようになります。文章を書くのが苦手でも大丈夫です。

ブログ発信の仕方

ブログには以下のステップを踏んで書いていきます。

最初は大変ですが、無理してでも書き続けていると好循環が始まります。多くの人にお勧めし、頑張って書かれて、自信をつけられました。

❶ 専門を追求する分野を決める

仕事に関係のある分野がお勧めです。入りやすいのは、ご自身が今取り組んでいるテーマで、追求してみたい、と思えるものがいいです。例えば、「ＥＶ社会の進展」「ChatGPTなど生成ＡＩの活用のしかた」「ＡＩが仕事をどう変えるか」「インサイドセールス成功の鍵」などかと思います。

❷ その分野に関して知見を深める

関連するキーワードで検索して、記事を数十個読みます。そこで出てきたキーワードも加えて、Googleアラートに登録します。メルマガがあればそれも取ります。

新たな記事をどんどん読み、新たなキーワードをGoogleアラートに登録します。記事を100以上読む頃、こういうものを書いてみたいなあという気持ちになってきます。
さらに、ここで生まれてきた疑問をPerplexityなどに聞いてさらに理解を深めます。

❸ 書こうと思うブログのタイトルを30決める

ここで、書こうと思うタイトルを30個決めます。5個や10個ではなく、30個ほど決めてしまうのがいいです。ブログを書きたい順に並べます。

書き終えたら、ChatGPTに入力して、「思わず読みたくなるタイトルに変えてください」と指示をします。そうすると、自分で書いたものよりははるかに読みたくなるタイトルに変わります。「読まれるブログタイトルの書き方」などで検索すると、参考になる記事も多数あります。

ここで注意すべき点が一つあります。自分で叩き台を作らずにChatGPTにタイトルを出してもらうと、自分が何が書きたいか、何なら書けるかということと無関係にタイトルが並ぶので、書き始めてから大変苦労します。ChatGPTへの丸投げはやめたほうがいいでしょう。

❹ブログを書く

1本目のブログを書きます。ブログは小見出しを5〜6個入れて、3000字前後で書くとまとまった内容を十分伝えることができ、読み応えもあって、かつ長すぎないのでお勧めです。媒体としては、今はNOTEが一番よいと思います。

タイトルに合わせて小見出しを決め、小見出しごとに2〜3行のパラグラフを5個書くと、全体として3000字前後になります。最初からきれいに書こうとすると大変なので、思いつく言葉だけざっと並べ、それから文章にすると多分一番早く書けるかと思います。

書いた後は数回、推敲し、仕上げます。その後ChatGPTに入れると、きれいな文章に直してくれます。

ここで注意すべき点は2つあります。まず、推敲せずにChatGPTに入れると、雑なまま終わるので文章力が向上しません。また、ブログの本文を最初からChatGPTに書かせたら内容の薄いものになり、自分の意見・主張と無関係に駄文が作成されます。瞬時に作文できますが、力もつかず、いいことはありません。

⑤SNSに投稿する

ブログが完成したら、Facebook、X、Threads、LINE、Discordなどに投稿します。何本も投稿を続けていると、フォロワーが増えていきます。特にXは、「ラーメン食べた」みたいな投稿ではなく、関心あるテーマで投稿し続けることで、確実にフォロワーが増えます。ブログの最後にメールアドレスを入れておくと、直接感想、コメントも来るのでやる気が出ますし、人脈も広がっていきます。貴重な情報も集まってきます。

⑥できればオンラインセミナーを実施する

ブログを20本くらい書き終える頃には、そのテーマに関してかなり自信が湧いてきます。読者から質問されても、同僚・友人に質問されても余裕で回答できるようになっています。そのくらいになったら、できればZOOMでオンラインセミナーを開催すると、さらに励みになり、成長が加速されます。

Peatixなどで募集ページを作り、Facebook、X、Threads、LINE、Discordなどに投稿して参加者を募集します。

ありがちな誤解

- 情報収集はすればするほどいい
- たくさん情報を集めないと、結論は出せない
- お金を出せばいい情報が集まる
- Googleアラートだと記事が多すぎて読み切れない
- ネットで流れてくる情報はだいたい正しい
- ChatGPTなど生成ＡＩはすごい。何でも知っている
- YouTubeはただの娯楽
- 「現地・現場」に行ってもどたばたするだけで何もわからない
- 動き回らずオフィスで情報を集めれば、一番効率的
- 人に聞いてもよくわからない。文字のほうが信用できる
- 本を読む時間などとても取れない。読まなくても何も困らない
- ブログは趣味で書く人がいるが、時間の無駄

理解チェックポイント

- 情報収集のしかたで仕事の成果を出せるかどうかが決まる
- Googleアラートで、効果的に最新情報に触れることができる
- 生成ＡＩは全体像をつかむのにはいいが間違いもあるので要注意
- Youtubeで専門家の知見を得るのも有用
- 「現地・現場」に宝が落ちている
- 「展示会」「講演会・セミナー」は驚くほどの情報収集ができ、人脈も広がる
- 詳しい人に話を聞いたほうがよい。すばやく全体像が把握できる
- 本は貴重な情報源で、毎月4 ～ 10冊、頑張って読むのがよい
- ブログで発信することで情報をより理解でき、情報がさらに集まる

3日目の取り組み

1. 関心のある言葉をGoogle検索で検索し、20 ～ 30記事を読む
2. 同時に、Perplexityでいろいろ質問してみる。回答に対してさらに質問する
3. Googleアラートに30 ～ 50ワード登録する
   有用なメルマガにもいくつか登録する
4. YouTubeでも検索してみて、仕事や自分の成長に関連するものは視聴する
5. 参加すべき展示会、講演会・セミナーを探し、申し込む
6. 知り合いの中で詳しく話を聞けそうな人には連絡して、会う/話す約束をする
7. 今日話を聞けそうな人がいたら、30分でもオンラインミーティングをしてみる
8. 関心のある分野で高評価の本があったら、Amazonなどで数冊購入する
9. 自分の関心のある分野で記事を20 ～ 30読み、パワーポイントで1ページにまとめてみる

4日目

7日でマスター④

～4つの鍵で仕事スピードアップ

誰でも仕事は速くなる

私は、すべての仕事はどんどん加速できると考えています。3倍速も夢ではありません。

もちろん、カスタマーサポートで顧客対応をしている時間、営業でお客様と話をしている時間、サービス業で接客をしている時間、あるいは現場で組み立てをしている時間など、直接的業務は別ですが、それ以外は**意識し工夫すれば驚くほど速くなります。**

私はマッキンゼーに入社したとき、右も左もわからない一介のエンジニアでした。コマツでの経験が6年間、社員留学生制度でのスタンフォード留学が2年間、と社会人になって8年は経っていましたが、はっきり言って仕事は大してできず、部下を持った経験もありませんでした。

ですので、入社当初、マッキンゼーでの仕事のスピード感とすさまじさにびっくりしました。

とうてい課題をこなせず、毎日オフィスを出るのが午前零時を回っていました。過労死をしても不思議のない生活でした。幸い、体は健康でしたし、性格が前向きなので、特につらいというほど苦しみは感じませんでしたが、大変であることに変わりはありません。

エンジニアとして、1ミリか0・5ミリ単位で超大型ダンプトラックのフレームやボディの設計をしていたところから、「経営というのは、右に行くのか左に行くのか、それが言えればいいいんですよ」と極めてアバウトな助言を上司からされ、大いにとまどったことは忘れられません。

ただ、それでもいくつかプロジェクトをこなすうちに、マッキンゼーで求められる精度と意味合いがわかり、仕事のスピードは上がっていきました。

8か月後にはプロジェクトリーダー的な仕事も任されるようになり、こんなことでいいのかなと思いつつも、全力疾走できるようになっていた、というのが本当のところです。
その頃には入社時に比べ、確実に何倍かのスピードになっていたと思います。

もう一つの原体験は、14年間いたマッキンゼーを辞めた後です。

それまで多いときにはマッキンゼーでの部下は40人以上いて、多数のプロジェクトを並行して進めていた状態から、ブレークスルーパートナーズ株式会社を3人で共同創業後、部下はゼロ、秘書もいない状況に激変しました。

仕事は大企業の経営改革から、ベンチャーの共同創業・経営支援に変わりました。仕事量も増えたので、日に日に仕事のやり方を見直し、組み替え、スピードアップさせて、コミュニケーションのしかたも大きく変えていきました。

それでも、1日は24時間で、眠る時間を極端に削るわけにもいかないので、仕事のやり方や取り組み姿勢を不断にアップグレードさせていきました。仕事量が増えてほぼ一人で対応するため、3倍以上は速くなっていったと思います。

何が大切な仕事で、何は切り捨てられるのか、と四六時中考えながら進めていきました。

こういうそれぞれ何年かにわたる二度の大きな原体験から、すべての仕事はどんどん加速できるし、3倍速も夢ではないという考えにいたったわけです。

私は試行錯誤しましたが、試行錯誤の過程で得たヒントをお話ししますので、参考にしてぜひ取り組んでみてください。

きっと私よりさらに大きな成果が得られると思います。

スピードアップの4つの鍵

1日目で説明した即断即決、即実行、即答に加え、スピードアップの鍵が4つあります（それぞれ、後で詳しく述べます）。

メールは即座に書き、即座に返信する

メールを即座に書き、即座に返信すると、すべての仕事が早く進みます。相手との数

度のやりとりもあっという間に終わることがよくあります。以前よりは返信の早い人が増えました。メールを半日以上、あるいは数日返事をしない人がいますが、スピードの点でも、相手からの印象の点でも、かなり損をしていると思います。

単語登録を200語以上しておく

単語登録により、文章を書くスピードが速くなります。登録した言葉を入力するときに速くなるだけではなく、文章がどんどん出てくるようになるからです。テンポが上がりますので、すべてに好循環が生まれやすくなります。

単語だけではなく、URL、日付、電話番号、短文などを単語登録できるので、楽です。Google日本語入力と併用させます。

資料作成を半分の時間で終わらせる

仕事のかなりの時間を資料作成に費やしている人が多いと思います。報告書でも提案書でも企画書でも、資料作成は**アウトプットイメージ作成アプローチ**が極めて有効です。その上で、一度作成したものはテンプレート化すると、二度目以降、さらに30〜50％速く作成できます。

テンプレート化というのは、章構成などを残したまま言葉の部分を×××あるいは●●などで置き換えてテンプレートとして保存しておくことです。

会議を3割減らす

一日会議で埋まっている、という人がよくいますが、これだと仕事のスピードアップはできません。

自分がコントロールできる会議はすべて半分の時間で終わらせるようにしてみてください。1時間だったものは30分で、30分だったものは15分で、ですね。

十分回ります。むしろ、発言が増えるかもしれません。

これで会議を3割は減らすことができます。

迷ったり悩んだりしても、仕事は進まない

迷ったり悩んだりする人が多いと思います。仕事に関してもプライベートに関しても、頻繁に相談を受けています。

私は相談を受けると、

- **今、何を迷っているのか、悩んでいるのか**
- **何が問題なのか**
- **問題の本質は何か、どういう構造か**
- **どうすれば問題を回避、あるいは解決できるか**

を聞きますが、「なんだ、そういうことだったら、こうすればいいのではないでしょうか」「なんだ、それだったら全然気にしなくてもいいですよ」ということだらけです。

誰かに悩みを聞いてほしい、というのはごく自然な感情だとは思います。

ただ、「迷ったり悩んだり」では何も変わりません。問題も整理されませんし、解決策は一歩も前に進みません。

A案とB案があるからどちらにしようか迷っていたり、やると決めたのに迷っていたり、これを言っていいものか悩んでいたりしても、物事は前進しません。

迷ったり悩んだりしたいからそのようにしているんだな、とでも言うしか仕方がないのかもしれません。

迷ったり悩んだりするのは、ヒマだからと割り切る

だったら、結局迷ったり悩んだりするのは、ヒマだからと割り切ればいいのではないでしょうか。

時間があるからあれこれ考えてしまいます。迷ったり悩んだりし続けます。それによって何も変わりませんが、他にすることもないので、迷ったり悩んだりが続くわけです。

ものすごいスピードで仕事を進めているとき、仕事の質が高いのか、また視点が高いのかと言われれば必ずしもそうではないですが、集中していますので、ともかく前に進みます。

また、時間がないときに、迷ったり悩んだりはしませんよね。そうしている余裕などありません。無我夢中で取り組んで、痛い思いもしながら突き進んでいきませんか。

苦しい思いもあるでしょう。大丈夫なんだろうかという思いもよぎるでしょう。ただ、迷ったり悩んだりではなく、ひたすら問題と取っ組み合いをしているはずです。

迷ったり悩んだりする余裕がない、というのは大変なようでいて、そうでもないものです。結構幸せなことかもしれません。迷ったり悩んだりするヒマがないわけですから。

PDCAを回せば必ずうまくいく

仕事を速く進めようとしても、うまくいかないことがいくらでもあります。最初からうまくいかないことはごく普通かと思います。

だからこそ、改善し続けます。まさにPDCAです。

PDCAは**P**lan（計画し）、**D**o（実行し）、**C**heck（確認し）、**A**ct（修正する）の略で、

常にやり続けます。

サッカーのキックの練習や、カラオケで歌の練習などをするときにいつもしていることです。

改善を次々に繰り返していく、という意味では、何かのスキルを向上させる、精度や品質を上げるあらゆる業務、活動で効果的ですが、うまく活用している人はそれほど多くないように思います。PDCAという言葉は多くの人が知っていますが、意外に実践できていない、とでもいいましょうか。

仕事ができる人とできない人との違いは、PDCAを回しているか、うまくいかないときにすぐ回せるか、かもしれません。

PDCAを回すとは、「さっさとやってみて、うまくいかなければ修正してもう1回やってみよ

う」「できるまで繰り返そう」という意味ですね。

そうなれば、仕事はどんどんできるようになっていきます。

PDCAを回せない人

では、PDCAを回すことに慣れていない人にはどういったタイプがあるでしょうか。

まずは、PDCAを回すのを知らない人。やみくもにやってうまくいかず、それであきらめてしまいます。一度でうまくいかないと、おしまいです。もう1回やってみようとは考えません。

次には、うまくいかないとき、なんでだろうと少し考え、もう1回やってみようとされる人。それで少し前に進むこともあります。

さらに、うまくいかないことはある程度想定して二、三度試してみる人。結果が出る可能性は高まりますが、十分ではありません。

また、PDCAという言葉は知っていても、どういう勢いで、どういう流れでPDCAを回していけばいいのかよくわからず、何となく中途半端になってしまう人。

どのタイプももったいないです。

多分、「物事が最初からうまくいくことはない。PDCAを回すことで前進し、続けていけば多くは成功する」という理解と信念、成功体験がないためにひっかかってしまうのだろうと思います。

PDCAを回すとは、「ダイナミックに問題解決をする」ことなので、必ず成果が出ます。「PDCAを回すべきだ」「PDCAを回していけばよりよい結果につながる」という信念があれば、大きく改善していきます。

PDCAを回すポイント

PDCAを回す際に注意すべき点が3つあります。

❶ 4つのステップを意識しすぎないこと

意識するとぎこちなくなり、力が入り、仮説思考ができなくなっていくので、逆効果です。

計画を丁寧に作ろうとして、エネルギーと時間の大半を失ってしまうことは珍しくありません。やることがある程度見えているときは、Do → Check → Act というふうに**まずDo（実行する）から始める**手もあります。

Check（確認する）も慎重にやりすぎて、せっかくのDo（実行する）の勢いを殺してしまうことがよくあります。実行して結果がそれなりに出ていれば、それを止めてこれでいいかなと確認することはありません。むしろ走りながら課題を整理し、修正していけば十分なこともよくあります。

❷ 時間はあまりかけなくても、それなのに準備

あまりにも準備不足で、どうせやり直すから大丈夫、とたかをくくるのもよい結果につながりません。粗があってもいいですが、中途半端だともったいないです。その上で、やってみて結果を見ながら何度かやり直すのがいいです。

❸ 失敗を恐れない

失敗を恐れると、すべてに時間をかけ、時間をかけるから勢いが削がれ、動くもの

も動かず、スピードが遅くなってしまうだけではなく、頓挫してしまうことにもつながります。ともかく高速で回していくこと、スピードを重視すること、リスクは走りながら対処することを最優先に考えてください。

究極は**「瞬時に」「高速で」「何度も」回す習慣**です。これができるとすごく楽になります。

二度目は倍のスピードで

仕事を進める上で、資料作成でも、分析でも、事業企画でも、営業でも、イベントや会議開催でも、一度目はどこに問題があるかわからないし、全体像もあまり見えないしで、慎重に進めることが多いのではないかと思います。

二度目になると、どこに問題があるか経験済みとなり、最初から最後まで見通すこともかなりでき、かなりスピードアップして進めることができます。

同じ仕事、似たような仕事を**二度目にやることになった場合は、ぜひ倍速でやり抜く**

ことを意識してみてください。１割速くではなく、倍速です。

「そんなバカな」と思われるでしょうか。やってみればそこまでおかしなことではないものです。初めてのときは落し穴がどこにあるかわからないので慎重に進めていきますが、二度目でだいたい予想がついて全力疾走できるのでその違いですね。信じて取り組めば、確実に速くなります。

仕事がどんどん加速できれば、精神的に楽になり、さらにスピードアップのアイデアも湧いてきます。上司の見方が劇的に変わるので、上司の反応におびえることもなくなっていきます。無駄に疲れて残業することも減っていくので、ますますいいことだらけですね。

メールは即座に書き、即座に返信する

メールを即座に書き、即座に返信すると、すべての仕事が速く進みます。相手との数度のやりとりもあっという間に終わることがよくあります。以前よりは返信の早い人が

増えましたので、威力がさらに上がりました。

例えば「金曜17時頃、子会社幹部とのミーティングを翌週火曜日に設定するよう上司に指示をされる」という場合です。もっと早く言ってほしいものの、よくあります。

前より返信の早い人が増えたので、即座のメールに対し、すぐ返事が来ることも珍しくはありません。内容は「火曜日午前中なら可能ですが、午後は出張に出るので難しいです」というものだったとします。すぐに上司に確認し、「火曜日午前10時にお出でください」と返信できた、というような例です。こちらの発信、返信が遅いと、先方からの返事も金曜日にはなく、翌週になってやりとりをしたら、すでに火曜どころか水曜も木曜も無理、ということになり、上司も出張があるので、結局、上司の要望に全く応えられないことにもなりかねません。

こういうことは毎日何回も起きているのではないでしょうか。

「メールを即座に書き、即座に返信する」のは卓球やテニスのラリーをしているのにかなり近い感覚です。打てば響く感じです。

皆が皆、返信が早いわけではないので、はまったときは、一度も会ったことがなくても、オンラインミーティングで話したことがなくても、意気投合する感じがします。
そうすると、次の機会にメールのやりとりをする際にも、お互いすばやく反応するので、大変強い味方になります。

いっぽう、すばやいメールのやりとりができない人は、早い人からは「仕事ができないやつ」と見られますので、決して放置できません。意識と慣れの問題ですので、ぜひとも改善させましょう。

メールの文章を速く書くには

メールの返信スピード以前の問題として、メールの文章作成そのものに苦労する人が決して少なくありません。もしそうなら、ぜひ次を試してみてください。

① 書くべき内容をA4メモに箇条書きしてみる

順序を気にせず、思いつくままに書く

❷ **その内容をChatGPTに入力し、「丁寧なビジネス文章に変えてください」と指示する**

手紙の位置づけ、流れ、言葉使いなど齟齬がないかを確認し、問題があれば、再度指示する

❸ **メール原稿ができあがったら、メーラーに貼りつけて送信する**

ChatGPTは箇条書きを数秒で立派な文章にして戻してくれますので、メールの文章作成が苦手な人にはきっと役立つと思います。これもあくまで叩き台を作ってそれを仕上げてもらう、という使い方が向いています。

なお、最近、Slackなどのチャットツールが増えていますが、一般的にはまだメールが主体かと思います。チャットツールの場合は、やりとりが過剰に続くことが多いので、時間をとられないようにする必要があります。また、Slackなど、チャンネル数が10にも20にもなって社内コミュニケーションのコストが膨大になりがちなので要注意です。隣の席の人にも声をかけずにチャットで済まそうとするのはチーム運営上、微妙です。

単語登録を200語以上しておく

単語登録により、文章を書くのが速くなります。文章がどんどん湧いて出てくるようになるからです。

テンポが上がりますので、すべてに好循環が生まれやすくなります。**単語だけではなく、URL、日付、電話番号、短文などを単語登録できる**ので、楽です。Google日本語入力と併用します。

単語登録は大変便利なのですが、たくさん登録すると覚えきれない、したがって使いこなせないという問題が起きがちです。

対策としては、**「最初の1文字」「最初の1文字と次のブロックの1文字」**でなるべく登録し、重複がある場合は、「最初の2文字」で登録するのがお勧めです。これで、何で登録したかの混乱はほぼ皆無になります。

私の場合、次のような文字を登録し、大変重宝しています。

あ→ 赤羽雄二
ぱ → パワーポイント
j → 事業計画
z →『ゼロ秒思考』
けか → 経営会議
うぇ → https://b-t-partners.com/
(ウェブの「うぇ」)
h → 24-12-13（その日の日付）
あけ → 明けましておめでとうございます。今年もよろしくお願いします。
ども → どうもありがとうございました。
どす → どうもありがとうございます。

j↓事業計画、z↓『ゼロ秒思考』で気づかれたかと思いますが、「あ」「い」「う」「え」「お」**だけではなく、あらゆるアルファベットの子音も登録に使える**ので、1ストロークで呼び出せ、大変重宝しています。よく使う言葉は、できるだけ1ストロークで登録します。

単語登録を200〜300語もすると、文章を書くのがものすごく速くなります。

企画書、報告書、事業計画書、提案書など、仕事の大半は文章作成から始まります。速いと自信を持って仕事にも、上司にも向き合うことができますので、単語登録をぜひお勧めします。

資料作成を半分の時間で終わらせる

仕事のかなりの時間を資料作成に費やしている人が多いでしょう。報告書でも提案書でも企画書でも、資料作成は「**アウトプットイメージ作成アプローチ**」が極めて有効です。

アウトプットイメージ作成アプローチというのは、次のような方法です。

❶ 資料の表紙、目次、各章のトップページ、各章の子どもページをそれぞれA4メモ用紙にさっと書く

❷ 大きな机の上に並べて全体の流れを確認、修正

❸ その後パワーポイントに落とし込んで仕上げる

マッキンゼーでソウル勤務の際、1人で5チームを並行して動かさないといけない状況が続いて編み出したアプローチです。チームに任せたらうまく進まない、全部自分で抱えたらパンクする、というやむにやまれぬ状況でした。

全体感を持って進められますし、最初からパワーポイントにとらわれて試行錯誤する必要がないので、従来の数倍のスピードで資料作成が進みます。

アウトプットイメージ作成アプローチの例

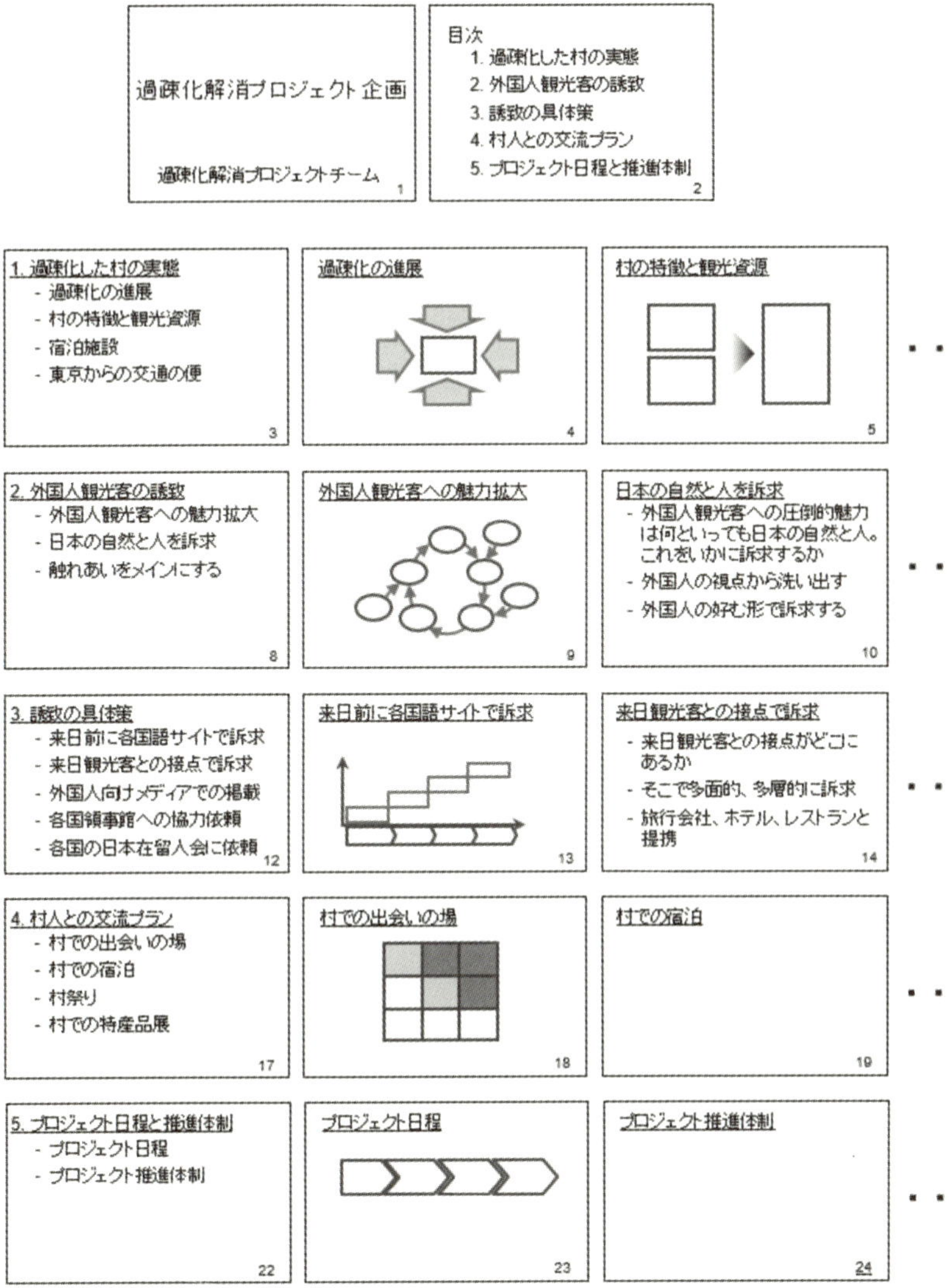

出典『マンガでわかる！マッキンゼー式リーダー論』

生成ＡＩで資料作成が変わったとよく言われますが、**大事なのはメッセージ**であって、画像などの見た目ではありません。一瞬でパワーポイント資料が作成できる、ということは全くないのでご注意ください。

自分でアウトプットイメージ作成アプローチで進めるほうがよほどスキルアップにつながりますし、自分の主張を込めた資料を作成できます。

一度作った書類はテンプレートにして残す

次にテンプレート化です。これは、章構成などを残したまま言葉の部分を×××あるいは●●などに置き換えてテンプレートとして保存しておくことです。

これだけのことですが、一度作成した資料はテンプレート化すると、二度目以降、さらに30〜50％速く作成できますので、やらない手はありません。

資料作成の最初のハードルを低くしてくれる、という意味で即断即決、即実行、即答につながります。

会議を3割減らす

一日会議で埋まっている、という人は、仕事のスピードアップがまずできません。スケジュール表を見せてもらうと「これでは無理だ、余裕が全くない」と一目でわかります。

今後、自分がコントロールできる会議はすべて半分の時間で終わらせるようにしてみてください。1時間だったものは30分で、30分だったものは15分で、ですね。

意外かもしれませんが、それで十分回ります。むしろ、発言が増えるかもしれません。

自分でコントロールできない会議でも事務局にも働きかけることで、**会議時間を3割は減らす**ことをぜひ目標にしてください。

また、会議で次のようなことが起きるのはすべて会議リーダーの仕切りの問題です。

- **延々と資料を読み上げる**
- **発言の合間で沈黙が続く**
- **いつまでも決めずにあれこれ言い続ける**
- **話が蒸し返される**

会議リーダーとは、その会議に出席する一番上の人ですね。自分が最高位なら改善し、そうでなければ、極力働きかけましょう。日本企業では「議論を尽くす」ことが間違って重視されて、会議の生産性がほぼ無視されていることがあまりに多いためです。

なお、数か月すると、必ず会議が長くなり、出席人数も増え、会議自体も増えていきます。**3か月に一度、会議時間の半減、出席人数の削減、会議の合体・廃止などを検討していく**のがいいでしょう。一過性ではだめで、全社で定期的に会議の棚卸しをする、という習慣にしていきます。

1秒でも短くする

仕事をしていて、「1秒でも短くする」という感覚が大切ですし、大きな差を生みます。

「1秒違っても何も変わらない」と思う方はもちろんおられます。多いかもしれません。1秒短くすることが20回あっても、20秒短くなるだけなので、単純計算だとそうなります。

ところが、実際は**「1秒でも短くする」姿勢があると、他のすべてが加速されます。**

着手するのも、変更するのも、早くなります。

結果として何倍も仕事が速くなる、ということが実際に起こります。


仕事を1秒でも短くする例は、単語登録のほかにもたくさん考えられます。

- **ブラインドタッチ**
- **ブライドタッチのさらなる加速**
- **ファイル再利用**
- **ファイル整理によるファイル探しの加速**

その意味で「1秒でも短くする」というのはかなり象徴的とも言えます。

いつも考えていると、自然に即断即決、即実行、即答が板についてきます。

「すぐに動く」ということへの抵抗がなくなっていきます。

「すぐに動く」ことが特別ではなく、むしろ当たり前のことになっていきます。

生成ＡＩを仕事のスピードアップに活用を

文書や動画のサマリー、英語の添削、面接練習、プログラミング、議論のシミュレーションも生成ＡＩは、何十ページもあるPDFやパワーポイント（KeynoteやGoogle Docsもありますが、本書ではパワーポイントと表現します）を読み込んでサマリーを作ってくれます。しかも数秒です。英語のYouTubeのサマリーも日本語でさっと書いてくれます。

必死になって書いたたどたどしい英語を立派なビジネス英語にするなどはお手のものです。日本語で書いて翻訳することももちろんできますが、それでは英語力はつきません。会話ができるようにもなりません。マッキンゼーでの最初の数年、ネイティブのエディターが英語のメールを毎回真っ赤にして戻してくれた結果、英語メールを曲がりなりにも書けるようになりました。今はそれを生成ＡＩが数秒でやってくれます。

面接練習もお手のものです。職種を伝え、意地悪な面接官になってもらって何度も突っ込んでもらうことができます。文字でもできますが、声でできるので、こんな素晴らしいものはありません。これまで、転職の鍵となる面接練習は大事だと思っても、ほぼ実施できませんでした。同僚には頼みづらく、友人にも簡単にはお願いできません。できたとしても、意地悪な突っ込みなどまずやってはもらえません。生成ＡＩは深夜でも、何度でも、5分前でも、即座に的確な面接官になってくれますので、ありがたいです。

生成ＡＩはプログラミングの学習にも役立ちます。ゼロから学ぶ上でのチューターになってくれますし、どう表現するかわからないときにはその場で教えてくれますし、デバッグもしてくれます。

従来はほぼできなかった議論のシミュレーションも可能になりました。例えば、「会長・社長への事業提案がどのようにボコボコにされるか、それにどう反論すべきか10往復書いてください」「新事業案を6人のメンバーで5つの視点から辛口に議論してください」などのシミュレーションです。ロールプレイングでも難しい、あるいはできなかった貴重な知見が得られます。

ありがちな誤解

- 自分は仕事が遅いから、改善できない。これは生まれつきだ
- 迷ったり悩んだりするのは、性格だから仕方ない
- 迷ったり悩んだりしないと、仕事はちゃんとできない
- どんなに忙しくても、迷うし、悩むし、時間ばかりとってしまう。仕方ない
- PDCAは丁寧に回さないといけない。雑にやってはだめだ
- 二度目だからと行って、仕事を速くすることはできない。ミスをしてしまう
- メールはじっくり考えて返信したほうがいい。早く返せばいいというものではない
- 単語登録を20個ほど登録したので、結構よくできている
- 資料は毎回、丁寧に時間をかけて作成するしかない。急いでもうまくいかない
- 会議は大切だ。皆で議論を尽くしたい。意見が出尽くすまで会議を延長してでも議論すべきだ
- 仕事を急ぐとミスをしてしまう。せわしなくてやっていられない。時間をかけないといい仕事はできない

理解チェックポイント

- 誰でも仕事は何倍も速くできるようになる。やり方次第で変わる
- 仕事のスピードアップは性格と関係がない。性格がどうであれ、もっと速くできる
- 迷ったり悩んだりしても仕事の質は上がらない。いいことは何もない
- スピードアップすると、ＰＤＣＡを回して、よりよい結果を出せる
- もっとスピードアップすると、ＰＤＣＡを何度も回して、さらによい結果を出せる
- 二度目にする仕事は倍のスピードでできる。そう信じれば、どんどん加速する
- メールを即座に書き、即座に返信することで、仕事が決定的に速くなる
- 単語登録には200語以上登録する。「あいうえお」だけではなく、ｚ、ｋ、ｈなど子音でも登録できる
- 資料作成はアウトプットイメージ作成アプローチで劇的に加速する
- 資料は一度作ったら、テンプレート化することで次回以降さらに加速する
- 会議は時間を半分にしても問題なく運営できる
- 会議は3か月に一度、全面的に棚卸しする
- 1秒でも短くすることで、仕事はどんどん加速できて、3倍速も夢ではない

4日目の取り組み

1 「誰でも仕事は速くなる」と信じてみる

2 迷ったり悩んだりするのを一度やめてみる

3 迷ったり悩んだりしないよう、ヒマを徹底的になくしてみる

4 迷ったり悩んだりする代わりに、すぐに動いてみる

5 ちょっとしたことでもＰＤＣＡを回して、結果をＡ４メモに書いてみる

6 メールは迷わずすぐに書いて発信してみる。返事にも即座に対応してみる

7 メールボックスの未読メールを一掃する

8 単語を50語以上登録する。翌日は100語以上を目指す

9 アウトプットイメージ作成アプローチで1つ資料を作成してみる

10 これまで作った資料のうち、また使いそうなものを2つテンプレート化してみる

11 自分が主催している会議は半分の時間にすることをアナウンスする

5日目

7日でマスター⑤
～行動変革へのビジョン、達成方針、アクション

何をしたいか、やりたいか～ビジョンを持つ

4日目まで「瞬時に動く」ためのスキルアップの方法をお話しし、実践してもらいました。ここからは「早く動きたくなる」「自分をより機敏に動かす」ための、心のバージョンアップをする話をします。

それは「すぐに着手する」自分に変わるために必要だからです。

ただ漫然と始めるのではなく、「この目的を1秒でも早く達成するため」に目の前のステップに踏み出すのだという想いや意気込みが、着手のスピードを上げます。そして、実際動かしてからもやる気がみなぎり、達成へと導くのです。

ただ「何をしたいのですか、やりたいのですか」と聞いても「別に」という人は多い

と思います。でも、本当にそうでしょうか。

そういうふうに考えないようにしている、ということではないでしょうか。


どうせ無理だからビジョンを持たないようにしている、という人が多いかもしれません。問題は、この「**どうせ**」なのです。

「どうせ」とは「頑張ってやろうとしても、きっとうまくいかない。努力するだけ無駄だし、大変だし、恥もかく。誰も助けてくれないし、誰も私のことなんか考えてくれていないし」ですよね。


でも、本当にそうでしょうか。実際あったのでしょうか。

それに、「予言は実現する」にもなってしまいますので、ちょっと変えてみる価値があります。


ぜひこれからは、小さなことでもいいので、

「**こんなことをしてみたい**」

「こうなるといいな」

といつも考えてみませんか。

できれば誰かに話すのがいいのです。話すと変わります。

夢を話す相手を選ぶ

話し相手として一番いいのは、**何を話しても受け止めてくれる、ポジティブ思考の人**です。そういう人に話すと、もっとやる気が湧いてきます。

先輩、同僚、少し後輩、友人などにポジティブ思考の方はいませんか。一人でもいると人生が変わっていきます。

- **話をして弾む相手**
- **話を嬉しそうに聞いてくれる相手**

こういう人は大切にしたいものです。

ポジティブ思考を持たない人だと、ネガティブにしようとか意地悪をしようとしていなくても、夢をつぶすような発言をしがちです。

「留学したいんだけど」と言ったら、「え？　今さら？　いくつだと思ってるの？」とか、もう少しましでも「え？　本気？　すごく大変らしいよ。日本と違って毎日ものすごく勉強しないと落第してしまうんだって」とか、です。

全く悪気なしにこんな発言をしてしまうのでしょうね。

ですので、夢を話すときは、相手を慎重に選ぶ必要があります。

さらに、意地悪な人、ネガティブな人は言わずもがなです。心が折れますので、普段から近づかないようにするのがいいでしょう。

家族がネガティブで、何を言っても否定される、という方は、話したくても家では話さないようにして、外でポジティブな友人を作ることをお勧めします。

何が大切なのかを正しく判断する

次に大事なのは、「自分にとって何が大切なのかを正しく判断すること」と「判断したことをやりたいと思えること」です。

自分にとって何が大切なのかを正しく判断する

「自分にとって何が大切なのかを正しく判断する」ためには、少なくとも**5年後、10年後どうなっていたいかを一度は考えてみる必要があります。**

項目は、

❶ **10年後、どうなっていたいか、何をしていたいか**
❷ **5年後、どうなっていたいか、何をしていたいか**
❸ **そのためには、今何をしていると目標に到達しやすいか**

など、簡単でいいです。書き方については次項で実践してみましょう。

書いている間に、ぼんやりしていた像が、輪郭を持って見えてくるでしょう。

会社の同期、やや先輩、やや後輩など気の合う仲間を4、5人誘い、それぞれの5年後、10年後のプランを発表し合うと刺激になります。やってみようという気持ちが高まります。

1時間も話せば充実したミーティングになりますし、その後、会食などを共にすれば、一生忘れられない機会になるかもしれません。

その後、半年に一度など定期的に集まると大変盛り上がりますし、それが励みになって、物事が大変スムーズに進みます。他のどのアクションよりもすぐやることにつながります。

「馬鹿げて」いても、言い続けていれば近づく

ビジョンがすごければすごいほど、「馬鹿げて」見えることがあります。

本人はもちろん馬鹿げているとは思っていませんが、周りからそのようなフィードバックが続くことで、「え？　そうなの？　絶対やるべきだと思っているんだけど、馬鹿げているのかなあ」という気持ちが湧いてきます。

でも、それに負けてはいけません。

馬鹿げていると言う人には何も根拠がないからです。理性的な顔をして、妬みから相手を否定していることがほとんどです。

そもそも、何が馬鹿げているのか、根拠は何もありません。「空飛ぶものを作ろう」とライト兄弟が言い始めたとき、常識人は「そんな馬鹿な」と思いました。「月に人を送り込もう」とケネディ大統領が言い始めたとき、ほとんどの人は「そんな馬鹿な」「とても無理だ」と思ったはずです。

人類の進化は「馬鹿げた」物を作ろうと思い、夢中で取り組んだ人々によって進んできています。

ぜひ言い続けてください。

そして一歩でも二歩でも、近づいていってください。


また、逆に、誰かが「馬鹿げた」ことを言いだしても、反射的に否定しないほうがいいです。「そうなんだ」「すごいね」とだけ言って、話を聞いてあげるのがいいのです。話を聞いてあげると、相手は勇気づけられます。勇気づけられ、一歩も二歩も進んでいきます。それがこちらの気持ちも明るくしてくれます。そのまま進んでいって、「馬鹿げた」ことが「馬鹿げていない素晴らしい発明」につながるかもしれません。

ビジョンと達成方針を無理やり書き出してみる

さて、具体的に書き出す方法をお話ししましょう。

今回はパワーポイント1ページにまとめてみます。

A4メモではなくパワーポイントで作成するのは、**後で追加・修正が簡単**で、完成度を上げていくことができるからです。

そうすれば、「あまりに先のことすぎて考えようがない」ともあまり思わず、それなりに考えを深めることができて、その時点での最新の考えを記録しておくことができます。もし間違っていたとしても、修正を繰り返せば徐々に納得のいくものに近づきます。

ビジョンとは

「これをやりたい」「こうなりたい」というご自身のビジョンをパワーポイント1ページの左半分に書きます。

「年末までに新サービスをリリースする」「新人戦で勝つ」など一言で書ける場合もあれば、3～4パラグラフ、計200～300字で具体的に書いたほうがよい場合もあります。

世の中では、ゴールと言ったり、ミッションと言ったり、バリューと言ったり、いろいろあります。マッキンゼーが数年前、優れたCEOに多数インタビューした本を出していますが、思った通り、皆好きな言い方をしています。

私は一言、「ビジョン」でよいと考えています。

達成方針を打ち出す

1ページの左側にビジョンを書いたら、右側には**どうやったらそのビジョンを何とか達成できるかという「達成方針」を5〜8項目、箇条書きで書きます。**

見た人が、「そうか、大変そうだけれど、そこまで考えているのなら、何とかなりそうだ」と思えるような具体性と説得力が必要です。

2015年のラグビーW杯に向けて、日本チームのエディ・ジョーンズヘッドコーチが示したビジョンと達成方針が大変よい例だと思います。

ビジョン	達成方針
2年後には上京し、訪問看護の会社を起業したい	・平日は毎日2時間、休日には5時間以上、ベンチャーおよび訪問看護の勉強をする ・ベンチャー社長の集まりには月1回以上参加して考え方を吸収する ・訪問看護の事業計画第1版をいったん3か月以内に仕上げる ・共同創業者候補には月2人以上と会い、半年以内に合意する ・訪問看護の会社に半年以内に転職して1年以上、訪問看護事業の実態を学ぶ ・その経験を活かして、1年半後までに事業計画を仕上げ、投資家への打診を始める

ビジョンは、「**世界最強の南アフリカに勝つ**」でした。

それだけなら「体の小さい我々にそんなの無理でしょ」となりますが、そこに次のような達成方針を打ち出しました。

・南アフリカはスクラムの姿勢が高い。**低くいけば下から突き上げて押し勝てる**

・南アフリカはラインアウトがうまくない。**ボールの獲得率を上げれば勝てる**

選手が「大変だが、これならいけるかもしれない」と思えるような、説得力ある明確な方針です。

納得した後は猛特訓を重ねて鍛え上げた結果、34対32で逆転勝利を収めました。

これが日本スポーツ史上、最も感動を与えた試合の一つになりましたし、ラグビーの歴史に残る「ブライトンの奇跡」「ラグビーワールドカップ史上最大の番狂わせ」として世界中で大きな話題になりました。

もう少し身近なビジョンと達成方針の例でお話ししましょう。

「2年後には上京し、訪問看護の会社を起業したい」というビジョンを設定し、達成方針を考えたのが、前ページの例です。

ここまで達成方針が明確なら、前に進みそうな気がしてこないでしょうか。

1ページの左側にビジョン、右側に達成方針を書いたら、ポジティブで、かつビジネスについて理解が深い友人数名に説明してみます。そうすれば、前向きで、かつ的確なアドバイスを得られます。

ここまでくれば、方向が見えますので、「すぐに動く」ことが容易になっていきます。

アクションプランは具体的に

ビジョンと達成方針が決まったら、今後6か月のアクションプランを検討し、次のページの左側に上から4~5個、箇条書きします。

「**ビジョン達成にはいつまでに何をしたらいいのか**」です。

アクションプランがないと、行動があまり具体化しないので、「絵に描いた餅」になります。多くの人が「〜〜したい」「〜〜になりたい」「〜〜に行きたい」と言いつつ時間がどんどんたっていくのは、具体的なアクションプランを決めて実行する、ということがないからです。

4〜5個箇条書きしたアクションプランに対して、ページの右側には、1か月後、3か月後、6か月後までに、何を達成するかを書きます。

ある程度明確なら、12か月後まで書いてもよいと思います。

この1ページは常に持ち歩き、できたところを順次、線を引いて消していけばよいと思います。

アクションプランを1ページさっと書き、その実行を習慣化すると、「すぐに動く」ことがさらに板についてきます。

アクションプラン

2025年1月6日

具体的なアクション	必達目標 1ヶ月以内	必達目標 3ヶ月以内	必達目標 6ヶ月以内
● ベンチャー、訪問看護の勉強	● 平日のうち3日は毎日2時間、土日のどちらかで5時間、勉強する	● 平日のうち4日は毎日2時間、休日には5時間、勉強する	● 平日は毎日2時間、休日には5時間以上、勉強するのが板に付いている
● ベンチャー社長の集まりに参加し、考え方を吸収	● ベンチャー社長の集まりに1度参加してみる	● ベンチャー社長の集まりに毎月1度以上参加し、3人以上の先輩社長の話を聞く	● ベンチャー社長の集まりに毎月1度以上参加し、3人以上の先輩社長の話を聞く。そのうち何人かとは別途会って話を聞く
● 訪問看護の事業計画第1版作成	● 訪問看護事業の市場、競合状況、法律要件などを調査する	● 事業計画第1版を作成する	
● 共同創業者の獲得	● 共同創業者の要件を検討し、どこで探すべきか方法論を整理する	● 共同創業者候補に月2人以上会い、半年内に合意できるよう絞り込んでいく	● 共同創業者と月2回会い、計画をさらに具体的にしていく
● 訪問看護会社への転職	● 訪問看護会社の転職先候補を20リストアップし、申し込む	● 訪問看護会社との面接が進み内定を5社獲得後、退職を伝える	● 訪問看護会社に転職する

◎：目標を十二分に達成（105%以上）
○：目標を達成（100%以上～105%未満）
×：目標未達（80%以上～100%未満）
××：目標にほど遠い結果（80%未満）

0

ありがちな誤解

- ビジョンなんか持っても意味がない。実現することはない。がっかりするからやめておいたほうがいい
- 馬鹿げたことを言っていても無駄にしかならない
- ビジョンをいくら言っても具体性がないからだめだ
- 人に言っても馬鹿にされるだけで足をひっぱられる
- 達成方針などいくら考えても、実際は違うから意味がない
- アクションプランなど、実行できたためしがない。書くだけ無駄

理解チェックポイント

- 何をしたいか、やりたいか、夢を持つことが大変重要で、それが出発点になる
- 「どうせかなわない」などとは思わないほうがいい
- 「こんなことをしてみたい」「こうなるといいな」と考え、誰かに話してみるといい
- ビジョンと達成方針を1ページ、アクションプランを1ページに書き出すと、前に進む
- 誰かが「馬鹿げた」ことを言い出しても、反射的に否定しない

5日目の取り組み

1 「何をしたいか、やりたいか」A4メモに5、6ページ書き出してみる

2 「馬鹿げた」と考えずに書く

3 「これをやりたい」「こうなりたい」をビジョンとしてパワーポイント1ページの左側に書く

4 その右側に達成方針を5～8項目箇条書きにしてみる

5 作成した1ページを同僚でも家族でも、ポジティブな人に説明してみる

6 感想、フィードバックをもらって少し修正する

7 その上で、今後6か月のアクションプランを作成する。いつまでに何を、を明記する

6日目

7日でマスター⑥
～即行動できる自信、ポジティブ思考の定着

自信、自己肯定感のことは忘れていい

すぐに動こうとする自分を足止めさせてしまう物事を排除していく動きも重要です。自信、自己肯定感が高ければ、何でもできます。新しいことでも、ちょっと難易度が高そうなことでも、あまり気にならず、「まあやってみようか」となるからです。

ところが、セミナーの出席者などに聞くと「自信がない」「自己肯定感が低くて」と言われることが本当に多いです。いい仕事をしている人、元気そうに見える人、どう考えてもそこまで状況が悪くない人でも、本人としてはそう言いたいようです。

不思議なほど、スキルの高い人もそうでない人も、人もうらやむ会社の人もそうでない人も、立派な学歴の人もそうでない人も、皆同じです。「自信がないと言う競争」を

しているかのようです。

言い続けているうちに、自分でもそう思ってしまった、信じ込んでしまった、ということでしょうか。

もしかすると、「大丈夫だよ」「うまくいくよ」と言ってほしくて「自信がない」「自己肯定感がない」と言い続けていることもあるかもしれません。

もちろん私は、「大丈夫。そんなに心配しなくても、うまくいきます。できます」「こうやっていれば問題把握・解決力がつき、仕事もうまくいきます。上司ともうまくコミュニケーションできます」と言い続けています。

実際、自信がないと言っていたその仕事やプロジェクトに取り組んでみると、結構できていることが多いものです。

心配になって途中の状況をよくお伺いしますが、順調に進んでいることが多いようです。数か月背中を押しているうちに、歯車が噛み合って、ずっと前向きになり、あまりこういったことを考えないようになり、やりたいことができるようになっていかれるようです。

自信がないと言っておられたのがウソのようです。


そのくらい、自信、自己肯定感とはいい加減なものだと感じています。

自信、自己肯定感という言葉は忘れていいと思います。

忘れていれば、本来の力が出るのではないでしょうか。

もちろん、そうは言っても「忘れられないから困っているんだ」ということかもしれません。徐々に消えていくと信じて、進んでみてください。

「私なんて」「私なんか」と言わない、思わない

「私なんて」「私なんか」という言葉もよく聞きます。

二言目には「私なんて」「私なんかどうせだめだ」という人も少なからずいます。

これも、自意識過剰で言っているだけだと理解しています。私から見ると全然だめではない人もよく言うし、意味がないからです。

何のためでしょうか。

失敗しても恥をかきにくいということかもしれません。先に言っておきたい、人にあれこれ言われる前に言っておきたい、ということでしょう。

ぜひ「私なんて」「私なんか」と言うのを一度やめてみてください。

口癖で言っていたものなので、実は言わなくても済む、ということに気づかれると思います。意外にできると思います。

もしかすると、中学・高校くらいからそういった口癖になったのかもしれません。そのときは、自分の身を守るために、自分の心を守るために言ったのかもしれません。逃げないといけないほど辛いこともあったのでしょう。

百歩譲ってそうだったとしても、数十年たった今は違うはずです。卑下する理由はもうありません。思い切ってやめてみませんか。

愛着障害からの卒業

自信や人間関係について悩みを抱えている人が本当に多いです。

例えば、次のようなことです。

- **自分はなぜ自信がないのか**
- **自分／彼は、なぜいつも不愉快なのか**
- **どうして感情を抑えられないのか**
- **どうしてみな裏で自分の悪口ばかり言うのか**
- **なぜいつも上司に厳しく言われ続けるのか**
- **どうして部下が単純ミスを何度でも繰り返すのか**
- **上司／部下はなぜあれほど感情的なのか**
- **なぜ夫／妻はイライラさせることばかり言うのか**
- **なぜ子どもに対して、ものすごい怒りを感じるのか**
- **なぜ妻や子どもに対してひどいことを言ってしまうのか**
- **なぜ『こまったちゃん』『かまってちゃん』が多いのか**

この背景には、人々が抱えている「心の問題」があると理解しています。具体的には、愛着障害、発達障害（非定型発達）、パーソナリティ障害などです。

そのうち、愛着障害について詳しく話をしていきます。

愛着障害とは

愛着障害は、生まれ育った家庭環境の結果生じる障害です。

『愛着障害 子ども時代を引きずる人々』(岡田尊司著、光文社新書)によれば、昨今、日本人の3人に1人はいると言われています。私の体感ではその倍以上と感じています。

愛着障害の結果のパワハラ、モラハラが蔓延している状況を見るとそう考えざるを得ません。

私たちは、生まれてから特に最初の2年間、母親から愛情を受けて育つことが必要なのですが、何らかの理由によってそれがかなわなかった場合に、その後の人格形成に影響を及ぼすとされています。

安心しきった状況で、おなかが空いたらすぐにおっぱいをもらい、おしっこをして泣いたらおしめを替えてもらう。

そうしたことができれば、母親が安全基地になり、安定した人格形成ができます。それがかなわない場合は、愛着障害になるといわれています。

２歳以降、小学校卒業までの家庭環境も大きな影響を及ぼします。

愛着障害の人は、次のような傾向があり、常に苦しんでいます。

- **自己肯定感が低い**
- **自信がない**
- **不安感が強い**
- **無力感がぬぐえない**
- **他人の顔色をいつもうかがう**
- **他人と深い関係を作れない**
- **人間不信**
- **アダルトチルドレン**

心の傷が癒やされないままだと、子どもに対して、毒親、過保護・過干渉、育児放棄、ＤＶなど

2歳までしっかり
母親から愛情をもらっていると
はい
はい
ママー
ヨシ!
自分に自信が持て
よい人間関係が築ける

の問題を起こしがちです。
モラハラやパワハラ、ＤＶなどの被害者になったり、逆に加害者になったりする傾向があります。

私の周囲で悩んでいる方や相談される方には愛着障害が大変に多く、自己肯定感の低さ、自信のなさで苦しんでおられます。能力があっても、人として魅力的でも、**自分に自信が持てず、結果としてパワハラ、モラハラのダメージを大変に受けやすくなっています。**すぐ感情的になり、傷つきやすく、また人を傷つけることも多いと思います。情緒面や対人関係で問題を起こしがちです。

何となく話しづらい人、変わった人、面倒くさい人とうまくコミュニケーションがとれない、ご自身が非常に生きづらい、傷つきやすいと感じているという場合、要注意です。

「自分の常識」「自分にとってはこれが当然」という感覚で見ていると、どうにもうまくコミュニケーションできないということは多々あります。丁寧にコミュニケーションをとっているつもりでも相手を怒らせてしまうとか、悪気が全くないのに話せば話すほどこじれていくとかいったケースもあります。

そういう場合には、自分自身と相手との双方に関して、愛着障害などの傾向に注意したほうがいいです。そうしないとうまく説明がつきません。私の知る限り、まだ決定的な答えがありませんし、答えが出るのを待っていては自分の身を守れません。

方便としてでもいいので、愛着障害などへの理解を深め、自分や相手を観察し、知見を得ておくとよいと思います。

愛着障害を知って改善する

この分野は本当に奥が深く、コミュニケーションや対人関係を改善するという浅めの自己啓発書などでは全くとらえきれないレベルの理解ができます。

だからこそ、すべての上司、親はもとより、すべての部下、子ども、つまりすべての方にきちんと理解していただきたいですし、その価値があります。

自信がないとか、周囲の人から意地悪をされるとか、元気が出ないとかで悩んでいるという方から頻繁に相談を受けますが、実は愛着障害、発達障害への理解を深めるとほぼ理解できますし、改善へのヒントを得られます。

上司・先輩が身近にいないとか、フィードバックがほとんどない場合、直接的なパワハラ、目の前での罵倒などは少ないかもしれません。いっぽうで「放置プレイ」「見捨てられ不安」などもありますので、よく理解して、自分の身を守るための知識武装をする必要があります。

なお、愛着障害は母親からの愛情・安心が何らかの理由で十分に提供されなかった場合に起きると言われていますが、これは一義的に女性に責任があるということではありません。赤ちゃんの父親に当たる男性が不在であるとか、DV・モラハラをすることなどにより、母親が大変な状況に追い込まれて起きることも普通ですし、母親が病気・離別・死別するなどの背景も考えられます。

「父親、母親、乳幼児」という単位の中で起きる問題と理解していただくのが適切かと思います。

安全基地を作っていく

愛情不足で傷ついた数十年の過去は取り戻せませんが、愛着障害を改善する方法はあります。それは、**今からでも「安全基地」になってくれる存在を探す**ことです。

自分を尊重し、話を真剣に聞いてくれ、決して否定せず、努力を認めてくれ、応援してくれる存在です。そういう存在があれば、心の傷が徐々に癒えていきます。

「どうせ私なんか」「自信がなくて、とても無理」と言い続けていた人も、誰か信用できる人が自分を尊重し、話を聞き続けてくれれば確実に回復していきます。

私の知る限り、愛着障害に対しては、安全基地を作る以外のよい解決方法が見当たりません。

あるとすれば、その人が特別な才能と運に恵まれ、次々に大きな成功をおさめ、皆に称賛されて、だんだんと気持ちが落ち着いていく、ということがあり得ます。

ただ、そんな恵まれた人は数十人に一人いるかいないかだと思います。

しかも、安全基地なしで成功すると、その成功にあやかろうとあらゆる悪い人がむらがりますし、自分のために言ってくれているのかそうではないのかの見分けがつかず、裏切られてひどい目に遭うことも考えられます。歌が大ヒットした歌手などが結構辛そうな人生を送っているのは、よく目にするところです。

大人の安全基地を作ろう

自己肯定感の低さで悩むことをなくし、やりたいことを頑張ることができ、充実した人生を送りたいならば、**「大人になってからの安全基地」を何とかして見つける**ことが望まれます。

先に述べたような理想的な安全基地ではなくても、しっかりと話を聞いてくれて、決して自分を否定しない相手が見つかれば、急激に傷は癒えます。

とはいえ、安全基地を探すのは決して簡単なことではありません。かなりの努力が必要ですし、運にも左右されます。

こちらが「あ、安全基地になってくれそうな人がいた」と思っても、相手も悩みを抱えていてそれどころではない、ということも多いと思います。

また、精神的に安定していて自己肯定感が高く、仕事も立派にこなしている人は希少なので、出会うことが少ないですし、たとえこちらからお願いしたとしても安全基地になってくれるとは限りません。

ですので、もっと現実的なやり方として、**「同じ思いの数人で、お互いに安全基地になるグループを作る」**というアプローチをお勧めしています。

理想的ではありませんが、結構役に立ちます。お互い、心の傷や痛みがわかっているからです。

安心しきって話ができるほど、お互い聞くのが上手ではないかもしれません。

それでも、一人で悶々としているよりは、あるいは誰彼かまわず話して素っ気ない態度をとられて傷つくよりは、はるかによいと思います。

お互いの安全基地になるための具体的な「安全基地を作る」方法をお話しします。

① 候補探し

学生時代の友人、同僚、先輩などで、精神的に安定していて、一緒にいて安心感があり、成長意欲が強く、ありのままの自分を受け入れてくれそうな人を「お互いの安全基地」候補として5～6人選ぶ。

② 個別に趣旨を説明する。

愛着障害、発達障害、安全基地などの重要性について説明し、強い関心を示してくれた賛同者のみで集まって会食し、しっかりと話し合う。必要に応じ、二度、三度集まって「お互いに安全基地」になり得るか確認する。賛同者が4人いたとして、その中の3人は問題なく、1人だけ微妙に浮いている場合は、まず3人で始めてみたほうがよいかもしれない。

③ 月1回集まってお互いの悩みを話し、支え合う。安全基地としての支え方なども話し合う

❹愛着障害、発達障害、パーソナリティ障害などの勉強会も行う

❺メンバー間で、すぐに相談できるホットラインを作っておく

　こういう形であれば、なんとかできそうです。月1回のミーティングでは、各人の仕事の内容、上司・部下との関係、家族との関係などをできるだけ率直に話します。

　話してもリスクがないミーティングなので、本音を話すことに皆で慣れ、習慣化し、安全基地になっていきます。

　なお、「お互いに安全基地になる」場合、恋愛

対象になり得るメンバーは避けましょう。どうしても恋愛感情が抑えきれなくなったりしたら、それはそれで新たなストレスのもとになりますし、安全基地として機能しにくくなってしまうからです。

いわゆる「同期の仲間」あるいは「同志的」な感覚がよいかもしれません。

4つのアクション

上記の「安全基地作り」に加えて、今日これから始められることとして、以下の4つのアクションをお勧めします。

●「親への手紙」をWordで5000～1万字書く（吐き出す）

これまで言いたくても言えなかったこと、辛すぎて感じようとしなかったこと、これが嫌で嫌でたまらなかったこと、さびしかったもっと甘えたかったことなどを全部Wordに吐き出します。

実際に親に渡すわけではなく、書いたら自分で持っておきます。一度には書けないので、思い出したらまた追加、を繰り返すといいです。亡くなった親、会ったことのない親に対しても書きます。

愛着障害、発達障害などに関する本を読む

愛着障害や毒親への理解がないと、自分の苦しみ、辛さが何から来るかわかりません。自分の性格の問題だと思ってあきらめていた方も多いですが、そうではないので、リンク先の27冊をできるだけお読みいただくといいです。

左上の『愛着障害』、左下の『自分に気づく心理学』を読まれて、「すごくすっきりした」「まさに自分のことだった」「目の前が明るくなった」と言われる方が多いです。

https://twitter.com/YujiAkaba/status/1623685981697355776

「父親役」「自分役」「オブザーバー」の3役、「母親役」「自分役」「オブザーバー」の3役でのロールプレイングを実施する

ロールプレイングを3分で実施し、2分でフィードバックする、というのを3ラウ

ンド実施すると、父親がどういう気持ちでいたのかがわかり、自分が本当はどう思っていたのかどうしたかったのかがわかり、大きな発見があります。オブザーバーとして両者のやりとりを観察するのも、自分に起きたことを客観視する上で大変役立ちます。母親についても同じです。

https://www.instagram.com/p/Cdl5GL-PX6i/?hl=ja

父親の立場、母親の立場で多面的A4メモ書きをする

書いて始めてわかる、多くの発見があります。父親のさびしさ、過保護・過干渉だった母親の本当の思い・辛さなどが浮かんできます。数十ページずつ書かれるといいです。時間をおいて、何度か書かれるとよりすっきりします。

https://www.instagram.com/p/C1ZUsSSyBtn/

非定型発達を活かす

発達障害という言葉があります。生まれつき、一定の発達状況に課題があって、大きくは2つあります。一つは**ADHD**で注意欠陥多動性障害、もう一つは**ASD**で自閉症スペクトラム障害と言われています。

前者の特徴は非常に落ち着きがなかったり衝動的だったりすることで、後者の特徴は共感性が低く、白黒発想が強いことです。

どちらも、本人も苦労しますし、周囲の人も苦労します。

ただ、発達障害というのは、本人の個性の一つということで、最近は「非定型発達」と言い換えることが多くなってきました。

経営者でADHDだという人もよくいますし、すぐれたエンジニアがASDであることは大変多いです。しばらく前はそういったASDのことを「アスペルガー症候群」と言っていました。

私は多くのベンチャー企業を共同創業、経営支援してきましたが、ASDのエンジニアは大歓迎しています。スーパーエンジニアで大変優秀なことが多いためです。

ご自身がADHDあるいはASD傾向があったとしても、今は**十分活かせる特質だと考えて、気にしないほうがよい**かもしれません。

ただ、ADHDの場合は極端に忘れ物をしたりしますので、やるべきことをポストイットに書いてPC、冷蔵庫、玄関に貼るなどの工夫をするとか、ASDの場合はご自身がマイルール、白黒発想が強く共感性が低いことを意識して、周囲の人とコミュニケーションする努力をするとか、**少し生きやすくする工夫**が役立つかもしれません。

また、周囲の人にもそういう特性を伝えて、理解してもらうことが大切です。そのほうが楽になります。

ポジティブ思考でストレスをなくす

世の中には、大きく分けると「ポジティブ思考の人」と「ネガティブ思考の人」とがいます。物事を常にポジティブ、前向きにとらえるか、悪いほうに悪いほうにとらえるかの違いです。

もちろんポジティブにとらえるほうが楽ですし、肩に余計な力が入りません。仕事もプライベートもいい方向に進みます。いい結果につながります。

ポジティブにとらえるとは、嫌なことがあってもあまり気にせず、なるべくいい面を見ようとすることです。**前だけ向いている**ことです。

前だけ向いていれば、過去何か失敗をしたり、恥をかいたりしたとしてもあまり気にならなくなります。生まれつきポジティブな人はラッキーですし、仕事もプライベートも楽に進みます。

では、もともとネガティブに感じやすい人はどうすればいいのでしょうか。

❶ 過去を振り返らない

振り返らなければポジティブになれます。もちろん、過去に失敗したのなら、理由をきちんと把握して、二度と同じ失敗をしないように手を打つことは大切です。ただ、対処したのなら、いつまでも引きずらないほうがいいです。引きずるとそれが理由で別の不具合を起こすこともありますので、切り換えたほうがいいのです。それでも何かがうまくいかなかったら、簡単に総括して、ＰＤＣＡを回します。

❷ 客観視をする

自分が不必要にネガティブに感じる、ということを考えてみるのも少し役立ちます。「自分は他の人より不必要に、無駄にネガティブに感じるんだ。全然意味ないのに」と客観視します。それだけでもずいぶん違います。

❸ 自分を認める

自分がネガティブに感じるのは、自分を誇大評価するのは恥ずかしい、と考えているからかもしれません。そんな気持ちはなるべく捨てるほうがいいですよね。

❹ 考えすぎない

自分がネガティブに感じるのは、「そのほうが恥をかかない。思い上がっていると周囲の人に笑われる」と考えているからかもしれません。もちろん考えすぎです。

❺ 前を向いて進む

すべてのネガティブさは過去においてきた、と考えてみてください。いろいろあったけど、もう過去の話で終わった話、と言い聞かせるといいです。

ネガティブに感じる理由はありません。ポジティブ思考でストレスをなくしていってください。

ありがちな誤解

- 自分は自信がないし、自己肯定感も低いので、何もできない
- 自信がなく、自己肯定感が低い人は今さら変われない
- 自信がなく、自己肯定感が低い人は、人にも尊敬されないし、努力しても無駄
- 「私なんて、私なんか」と思っちゃうのは仕方ない。だってずっとそうだから
- 愛着障害は今さら直らない。親との関係を見直すとか考えられない
- 親には恩があるから、毒親とか全く考えられない。現に毎週会っているし問題ない
- 自分はADHD（ASD）だから人とはうまくいかない
- 生きていくのはストレスでしかない。自分は人とうまくはやっていけない
- こんな自分がポジティブ思考を持つなんて、とうてい無理

理解チェックポイント

- 自信、自己肯定感のことは忘れていい、忘れたほうがいい
- スキルと関係なく、自信、自己肯定感が低い人が多い
- 「私なんて、私なんか」と言わない、思わないほうがいい。思う必要がない
- 多くの人が愛着障害であり、苦しんでいるが卒業する方法がある
- お互いが安全基地になれば、多くが救われる
- ＡＤＨＤやＡＳＤでもやり方によってはずっとストレスを減らせる。もっと活躍できる
- どんな人でももっとポジティブ思考ができるし、それによってストレスを減らすことができる

6日目の取り組み

1 自信、自己肯定感のことを忘れてみる

2 自信、自己肯定感がなぜないか、どうすれば忘れられるか、A4メモを10ページほど書く

3 「私なんて、私なんか」という言葉をいっさい使わないようにしてみる

4 「親への手紙」をWordで5000～1万字書く

5 愛着障害、発達障害などに関する本を読む

6 「父親役」「自分役」「オブザーバー」の3役、「母親役」「自分役」「オブザーバー」の3役でのロールプレイングを実施する

7 父親の立場、母親の立場で多面的A4メモ書きをする

8 自分が非定型発達なら、生きづらさを軽減する工夫をする（忘れ物防止など）

9 ポジティブな友人に連絡して少しでも話してみる

7日でマスター⑦
～切磋琢磨する仲間作り

仲間がいると、すぐに動ける

瞬時に動くのを抑止しようとするストッパーは外れたでしょうか。

さらにスタートダッシュを早くしてくれるのが、仲間の存在です。

何に取り組むにしても、一人でやろうとすると、結構ハードルは高いものです。仲間がいるとずっと楽になります。本人が「まあいいか」「今日はだるいからサボってしまおうか」と思っても、他の仲間も同じようにサボり心になっているとは限らないからです。

学校ではつるんでサボることもあるとは思いますが、社会人になってからは「つるんでサボる」状況は、かなり減るのではないでしょうか。

ですので、**仲間がいると背中を押してもらうことが自然にできます**。

私の「仲間」の原体験は大学3・4年生のとき、当時、研究室の助教授だった畑村洋太郎先生が毎週金曜夜に開催しておられた、「金曜の輪講」です。

研究室で2時間ほど量子力学などの勉強をしてから、キャンパスから5分ほどのところの居酒屋に行ってさらに話を続けていました。

私はアメリカンフットボール部命で、あまり勉強は好きではありませんでしたが、仲間がいるのでサボれない、という状況でした。

いろいろ工夫して、ぜひ一緒に頑張れるポジティブな仲間を作ってください。それが何とかできれば、「すぐに動く」こともだんだん板についてくるのではないでしょうか。

ついていくよりリードするほうが楽

職場の同僚でも、仲間でも、ついていくよりリードするほうがずっと楽です。

リードしていれば、**自分が進みたい方向に進みやすくなりますし、ペースやペース配分なども自分の都合でかなりのところまで決めることができる**からです。

私もいつもリードする側に立っていますが、それは人に任せると上記のような理由だけではなく、スピードの遅さや段取りのまずさ、センスの悪い対応などが気になるからです。自分がリードして圧倒的なスピードで進めていきます。

リードするためには、会社などで新しいプロジェクトを立ち上げたり、進行中のプロジェクトに参加したりして手を挙げるのが一番です。

例えば、会社でいえば「生成AI利用促進委員会」「DX推進会議」「社内コミュニケーション活性化プロジェクト」などですね。

立ち上げて仲間を募り、進めていくと自信がつきます。専門性もできますし、それらの課題に関する最新情報も自然に耳に入るようになります。

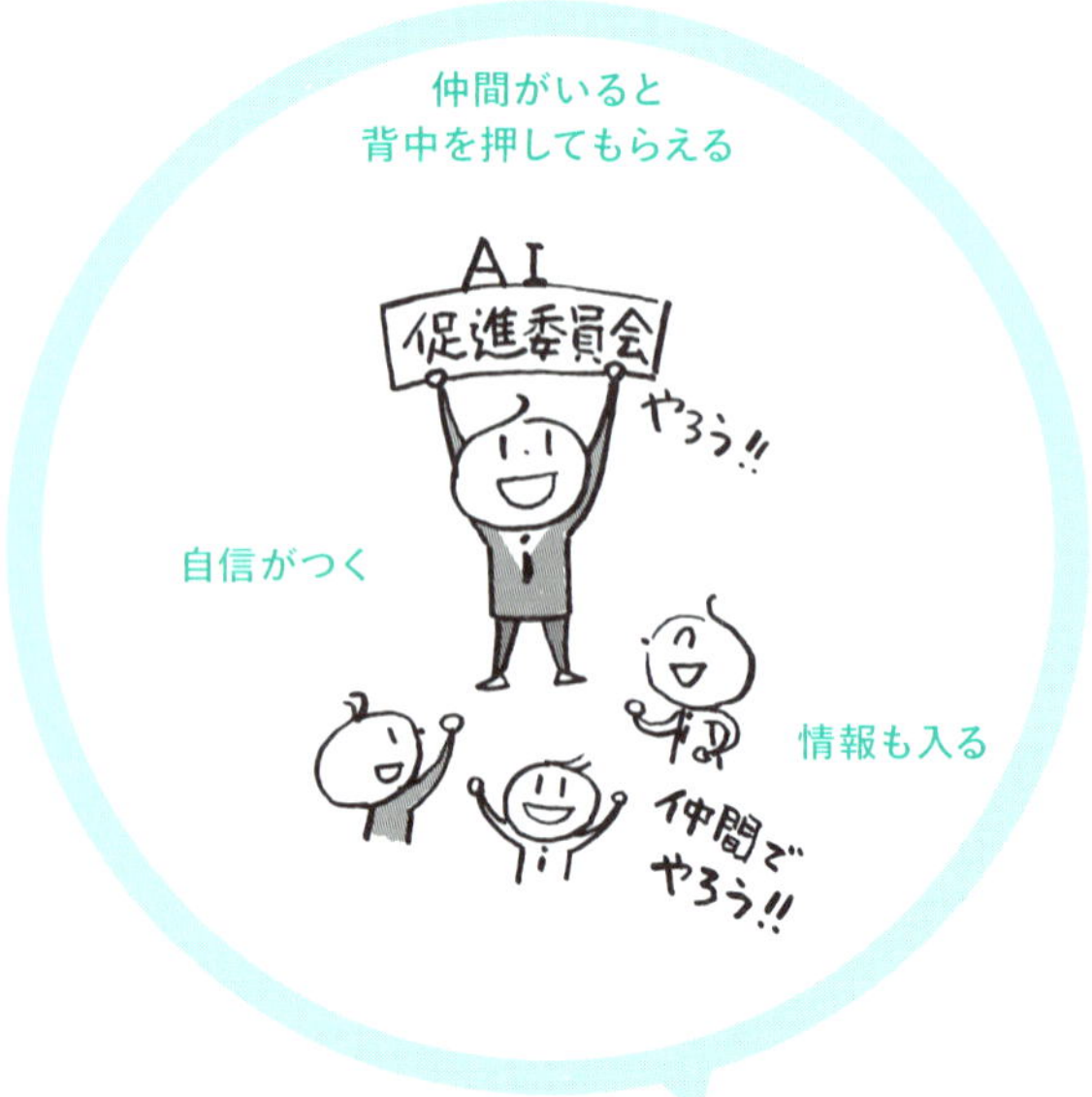
仲間がいると
背中を押してもらえる
AI
促進委員会
やろう!!
自信がつく
情報も入る
仲間で
やろう!!

社内でリーダーシップも発揮できます。いいことずくめですね。

こういうふうに言うと、ついていくほうが楽だ、自分で考えなくていいから、と言う人がいますが、そんなことはありません。

自分で考えて進めるほうがずっと楽しいですし、得られるものが何倍も違います。騙されたと思って、どんどんリーダーシップを発揮するようにしてみてください。まずは、社内の活動に手を挙げたり、何かの提案をしたりすることですね。

自分でも驚くほど成長します。「すぐに動く」ことなど、お茶の子さいさいになります。

仲間を、集める方法

課題は、**一緒に頑張れる仲間をどうやって集めるのか**です。

●グループの呼びかけ

私のお勧めとしては、会社であれば、気が合い、価値観が合う同期、ちょっと先輩、ちょっと後輩7〜8人に「一緒に頑張り、背中を押し合うグループを作らないか」と提案し、合意した5〜6人と月に1回、場所と時間を決めて会うのがよいのでは、と考えています。当然、ポジティブで前向きな人のみとします。

社内に適役がいなかったら、学生時代の友人、勉強会などで知り合った社外の友人でも、もちろん大丈夫です。

リアルでミーティング

初回に、各自が自身のビジョン、達成方針、アクションプランを説明し、お互いに質問したりアドバイスしたりします。

第2回以降は、その月の達成成果を発表し、困っていることを話して助言してもらいます。1時間のミーティング後、1時間半ほどの懇親会がよいかと思います。

言行一致で信頼される

仲間とよい関係を築き、「瞬時に動く」行動を理解して応援してもらえるポイントをお伝えしましょう。

まず言行一致は、人として重要なことです。特に、普段接する上司、先輩、同僚、後輩、友人、家族に対してはなおさらです。

言行一致している限り、人として信用され、仕事を進める上でもスムーズになりますし、プライベートでも、余計な摩擦がなくなります。相手が気分を害することはほぼ起きません。

言うは易く行うは難し、ということかもしれませんが、決してそんなことはありません。自分の責任に忠実に、常に毅然として行動していれば、自然に体現できることです。もちろん配慮が必要な場合もありますが、「**配慮はしても遠慮はしない**」という信条が必要です。

いっぽう、何かに、あるいは誰かに過度の遠慮をすると、本音とずれ始め、軸がぶれ、言行一致が難しくなります。矛盾が生じるからです。

多くの場合は、保身につながったり、自己都合だったりします。一度ずれると、戻せなくなって、いつもごまかして生きていくことになり、とても辛いです。

言行一致を体現するには

❶「常に言行一致を貫く」と決めて迷わず動く

あるときは言行一致、あるときは忖度して少し調整する、というようなことをしているとややこしくなりますし、自分でも何が何だかわからなくなります。そもそも、それだと言行一致を体現したことになりません。

迷わず、何があっても言行一致を貫いていれば、ぶれませんし、「あれどうしようかな」ということがなくなります。

❷何に対しても自分の考えを持つようにしておく

会社の健全な成長のために万年赤字事業をどうすべきか、社内の利害関係をどう調整すべきか、他部署との連携をどう進めるか、次のイベントで集客数と費用対効果の折り合いをどうつけるか、などですね。目安でもいいので、自身の考えをある程度以上持つ必要があります。それがないと言行一致の出発点に立てません。

何に対しても自分の考えを持つためには、A４メモ書きがお勧めです。毎日10〜20ページのA４メモ書きをしていると、深く考えることが当たり前になり、ぶれなくなります。知見に乏しいことでも、最低限の情報収集をして、**自分なりの判断軸を持つ**ことができるようになります。そうすると、苦労しなくても自然に言行一致となり、周囲からも尊敬され、信頼されるようになります。頻繁に相談もされるので、さらに人として、リーダーとして成長します。

③ 決めたらともかく動く

考えがあっても、行動する段階でビビることがありそうです。弱い気持ちになることもあります。それを避けるには、決めたらともかく動くこと、「即断即決、即実行、即答」をモットーにしてすぐに動くことです。**動いてしまえばびびる暇もなくなる**ので、毅然とした態度を何とか貫くことができるのではないでしょうか。

常に心が落ち着いていて、迷いがない人であれば気にならないことですが、その境地に達するまでは必要な努力かもしれません。

言行一致をしていれば、「すぐに動く」ことはごく当たり前にできます。あえて言うまでもない、という感じです。

結果がどんどんついてきます。ますます楽しくなります。

Give, give, give, and give

「Give, give, give, and give（ギブ、ギブ、ギブ、アンド ギブ）」という言葉を聞いたことはないと思います。でも、何となく意味はわかりますよね。

これは、私が最近、事あるごとにお伝えしている言葉です。Give and Take（ギブアンドテイク）ではなく、「Give, give, give, and give というくらい Give しよう」「**Take など考えながら Give するな、そのほうが結果はよっぽどよくなる**」という意味で言っています。

Give and Take という言葉は、私にはちょっと残念な考え方に思えます。「ちょっと何かを与えたら、すぐリターンを考えるのか、そんなにすぐリターンを求めてどうするんだ」という感じです。そのような魂胆で人との関係がうまくいくとはとても思えません。

小さいことを考えず、思いっきりGive, give, give, and giveをしましょう。

そうすれば、**後で勝手にいいことが起きます。**

この考え方が弱肉強食の欧米でどこまで通用するかですが、14年間のマッキンゼーでの経験では、十分通じると思います。ニューヨーク、ロンドン、パリ、シドニーなどでもカンファレンスがあり、多くの欧米人のマッキンゼーの同僚ともやりとりしていたので自信を持って言えます。最近までのインドやベトナムでのそれぞれ3年間の経営支援の経験でも、もちろん同様です。

Give, give, give, and give のメリット

Give, give, give, and give には多くのメリットがあります。

❶ **味方が増える**

支援してくれる人、味方になってくれる人がどんどん増えるので、仕事がスムーズに進みます。思った以上に進みます。そんなにやってくれて申し訳ない、というほど進みます。相手は恩を感じ、お返ししたいと思っているからですね。

❷ **理解してもらえる**

利害関係や理解不足などで反対しても、**誰かが勝手に調整してくれたり説得してくれたりします**。普段、恩恵を感じている人が、こちらの趣旨をよく理解してくれて、誤解を解いてくれるからだと思います。当然、敵が少なくなります。こうなると、もう「人徳」とでも言ったほうがいいかもしれません。

❸ **邪魔がなくなる**

誰かが足を引っ張ってくるとか、陰で悪口を言ったりするとかが減っていくので、仕事以外のところで**気分が悪くなることが減ります**。これはかなり大きいです。仕事をする上で、生きていく上で、気分が悪くなることは少ないほうが楽です。

④ チームワークが強まる

チームメンバーがより本気で取り組みますし、自己中心的な言動をしなくなりますので、**チームワークが強化**されます。やりたいことがどんどん実現していきます。

こういう話をすると、必ず「どこまでGiveすればいいのでしょうか。負担にならないのでしょうか」と聞かれますが、私の答えは「はい、**どこまでもGiveし続けてください。そうすれば、勝手にうまくいきます**」というものです。

全然問題ありません。

「ここまで」とか線を引くと、余計に打算が入って不自然になります。

普段言いたいことを言えない人は要注意

ただ、普段から我慢ばかりしている人、言いたいことを言えない人は、人に利用されるリスクがあります。悪い意図がない人からも、都合よく思われることもあるでしょう。

その場合は要注意です。

我慢を重ねて、出血サービスでGiveを続けようという話では全くありません。

我慢ばかりしている人、言いたいことを言えない人は愛着障害が大きな原因になっています。前章でご紹介したような形で軽減に努め、**自分に痛みのない範囲でGive, give, give, and give**をしてください。

あくまで、「自分にとって痛みがない範囲で」が鍵です。自己犠牲をしようという話ではありません。

応援してくれる人とだけ一緒にいる

応援してくれる人とだけ一緒にいることも、とても大切です。応援してくれるかどうかはいくつかの段階があります。

❶ 全面的に応援してくれる人

一番いいのは、**どういう状況であろうと全面的に応援してくれる人**です。こちらを信頼してくれて、突拍子のないことを言い出しても、無茶を始めても、話を聞いてくれるし、応援してくれます。十分には理解できなくても、足を引っ張るようなことはいっさいしません。

❷ 応援の姿勢を見せる人

次にいいのは、状況によって、ある程度応援してくれる人です。いつもいつもではなくても、状況によって応援してくれます。全面的に諸手を挙げてではないにせよ、気持ちの支えになります。全部応援してくれなくても、ありがたい存在です。

❸ 否定してこない人

その次は、応援をしてくれるわけではないが、特に否定的ではない人です。こういった存在もありがたいです。こちらも精神的に頼っているわけではなく、路傍の人、という感じですが、少なくてもブレーキにはなりません。かなり革新的なことを言ったりやったりしているので、普通の人には理解しづらいことがあるかもしれないのに、あれこれ文句を言ってこないので、ありがたいです。

④否定してくる人

まずいのは、否定的な発言をしたり、足を引っ張ったりしてくる人です。深く考えた上でそういうことをするわけではなく、むしろ内容にかかわらず、気に食わないから、気にいらないからネガティブな態度を全開にしてきます。困った存在です。

⑤攻撃してくる人

最悪なのは、「そんなの絶対無理だ。やるだけ無駄だ。早くやめちまえ」と罵倒し、邪魔をしてくる人です。利害関係が大してなくても、一方的に頭ごなしに否定してきます。こういう人は全力で避けたほうがいいです。進むはずのものも進まなくなってしまいますから。

上司がもし否定的で攻撃してくる人なら、ろくなことはありません。努力しようにも努力しづらい、辛い状況になります。そういう場合は、社内異動や転職を考えたほうがいいかもしれません。そういう上司とは、仕事以外の話はしないほうがいいでしょう。

両親が否定的な人にもかかわらずまだ実家に住んでいるなら、一刻も早く出たほうがいいでしょう。夫・妻、彼氏・彼女が否定的な人なら、一緒にい続けるべきか真剣に考えたほうがいいです。自信をますます失い、だんだん動けなくなって、いいことはありません。

「応援してくれる人とだけ一緒にいる」というと、「何を甘えたことを」という人が必ずいそうです。

でも、本当にそうでしょうか。なぜ否定的で、人格攻撃もしてきて、自信、自己肯定感をこわしてくる人から距離を置いたらいけないのでしょうか。

自分の身は自分で守らないといけません。
自分の将来も、自分にかかっています。

距離を置くことが現実的に難しいことはよくあります。でも、だからと言って、「我慢すればいい、我慢すれば自然に解決する」ということにはなりません。

ありがちな誤解

- 仲間なんか役に立たない。みんな自分勝手なだけだから、何かしようとしても無駄
- そもそも、友達はいないし、いてもストレスになるだけ。いつか裏切られる
- リーダーなんか、絶対やれない。損だし、ついていくほうが楽に決まっている
- 言行一致なんかできやしない。理想論すぎてあり得ない
- Giveどころか、むしろtakeしたい
- いつも悪い人にいいようにやられるだけ
- 応援してくれる人なんかいない。応援するふりをして、裏で何をやっているかわからない

理解チェックポイント

- 一人でやるのはハードルが高いが、仲間がいるとずっと楽にできる
- 一緒に頑張る仲間は、気の合う同期、ちょっと先輩、ちょっと後輩がいい
- 信用されるには、言行一致が一番大切
- Give, give, give, and giveしていれば、勝手にいいことが起きる
- 「自分にとって痛みがない範囲で」giveすればいい
- 我慢ばかりしている人、言いたいことを言えない人は愛着障害の軽減を努力する
- 応援してくれる人とだけ一緒にいる。ネガティブな人、否定する人からは逃げていい

7日目の取り組み

1. 一緒に頑張れる仲間をリストアップする。気の合う同期、ちょっと先輩、ちょっと後輩から
2. 彼らに一緒に頑張り、背中を押し合うグループを作らないかという提案メールを出す
3. 自分がリーダーシップを発揮できそうなプロジェクト、イベントをリストアップしてみる
4. そのうちの一番よさそうなものに対して、こうしたいとメールで提案する
5. 自分が言行一致できているか、A4メモを何ページか書いて確認する
6. Give, give, give, and giveできる内容を箇条書きしてみる。そのうちの一つから始める
7. 自分を応援してくれる人が誰か挙げ、その人ともっと時間を使えるように計画を立てる
8. その人に早速連絡して、近いうちのミーティング・会食を設定する

第3編

すぐに動き、動き続ける仕組み

第1章

それでも一歩踏み出せない人に

踏み出せない、という思い込み

これまで7日間にわたり、すぐに動くための考え方と実践方法をご紹介してきました。私のオンラインサロンやブレークスルー講座の参加者の中では、この方法ですぐに動けるようになった方が多数おられます。数週間で変わられたりします。

ただ、「一歩踏み出せない」という思い込みが強い場合は、それを解除するのに、かなりの時間がかかっています。

幼少期に親が抑圧的だったり、感情の起伏が激しくて子どもが親の顔色をいつもうかがったりすると、自主性のない子ども、一歩踏み出すのが苦手な子どもになります。

そういう子どもは大人になっても「一歩踏み出せない、という思い込み」が強く、結構大変です。言い換えると、変わることが苦手です。「すぐに動く」こと自体、否定的だったり、金縛りにあったような状況になったりします。

一歩でも踏み出せると、楽になる

すぐに動けない人は、「さっと動く」ということに抵抗があるのかもしれません。

どういう抵抗があるのでしょうか。

すぐに動くと事故が起きそうだから、でしょうか。もちろん危険があるときは一歩踏み出すだけでも細心の注意が必要です。ただ、ほとんどの場合は危険があるから慎重だ、ということではないように思います。

単に、すぐに動くのが面倒だとか、すぐに動くと後が大変だとか、あるいは、すぐに動くのは安っぽく見えて嫌だとかそのような理由にも見えます。

ほとんど、理由という理由にはなっていません。

多分、本人が一番わかっていると思いますが、**理由はないのです**。動かない理由として言っているだけです。自意識過剰とも言えます。

一歩でも踏み出せば、すぐに動くことに実は大した壁はないとわかります。楽になります。

例えばこんなことを考えてみたらいかがでしょうか。

- **すぐに動いても、何か問題が起きるわけではない**
- **すぐに動いても、後で大変なことが起きるわけではない**
- **すぐに動いても、軽率なやつだと思われることはない**
- **すぐに動いても、続けられなくて無責任と思われることはない**
- **すぐに動いても、地雷を踏んで爆発するわけではない**
- **すぐに動いても、準備不足で失敗するわけではない**
- **すぐに動いても、だめだったらやめればいい**
- **すぐに動いたら、その後が楽になる**
- **すぐに動いたら、勢いがついて進みやすい**

・・・

いくらでも続けられます。ともかく、躊躇する理由はないので、一歩踏み出してみるとよいと思います。

上司に次の会議のための資料作成を指示されたとき、嫌だなと思って数日ぐずぐず引き延ばしたことはないでしょうか。

区役所に行って書類をもらってこないといけないのに、面倒で1週間も2週間も放置したことはないでしょうか。

どちらも**すぐに動けば動くほど、楽に前に進みます。**

上司の指示であれば、すぐに動くことで上司に追加で何を確認すべきかわかり、スムーズに進めることができます。何日か放置した後に始めようとしても、今さら上司に聞けない、ということで聞かずに進めて問題を起こしたり、スムーズに進められなかったりします。

それ以外でも、すぐに動くことで申込み期間が終わってしまったとか、希望者が殺到してもう席がないといったことがなくなります。

一歩踏み出すこと、すぐに動くことが実は難しいことでもなんでもなく、またそうしたらまずいという理由もほぼない、ということに慣れていただくのがよいと思います。

周囲は期待している

すぐに動く、ということに関して、周囲は期待しています。「やればいいのに」「迷うことないのに」「どうしてただやればいいのに動かないのかしら」とあきれながら、でも期待している、というところでしょうか。

別に皮肉に思ったり、攻撃したりしているわけではないです。単純にもったいないと思っていることがほとんどです。

「すぐに動かない理由が何もないのに、危険は何もないのに、ただぐずぐずしているだけ、いったいこの人は何を考えているのだろうか」という感じです。

慎重にしているだけかもしれません。ただ、資料作成に着手するとか、イベント開催準備のために他部署や会場候補に電話するとか、慎重にする理由がない場合でもゆっくり進めることが習い性になっているのはもったいない、と周囲は思います。

難しく考えすぎず、周囲の期待に応えてしまったらどうでしょうか。

人によっては「言われたからやらない」「言われてからやるのは虫が好かない」という人もいるとは思います。ただ、たまにはそういう我を張らず、「皆がそう言うならやってみようか」と乗り出してみるのです。

きっといいことが起きるでしょう。

不甲斐ない自分にさようなら

すぐに動けない人に理由はないと思います。今回、ここまで読んでいただいて、すぐに動けない理由が全くないこと、すぐに動いたほうがいいこと、周囲もそれを喜んでくれることなどが少し理解いただけたかもしれません。

すぐに動けないことを実は気にしていたのであれば、「もうそういう自分にさようなら」でいいと思います。やればできることなのですから。

あなたの殻を破る絶好のチャンスです。

もし生まれ持った性格だから変えられないと思っているとしたら、そんなことは全くありません。

生まれ持った素晴らしい性格が愛着障害などの結果、大きく歪められていた、それを解放することができる、ということなのです。

また、あなたの習慣は数年か数十年前に何かのきっかけで身についたものです。そのときにベストだった保証もありませんし、その後の変化で必然性はさらになくなっているかもしれません。固執する理由はありません。

ぜひ今日を機会に過去のトラウマに「さようなら」してみてください。驚くほど気分爽快になります。

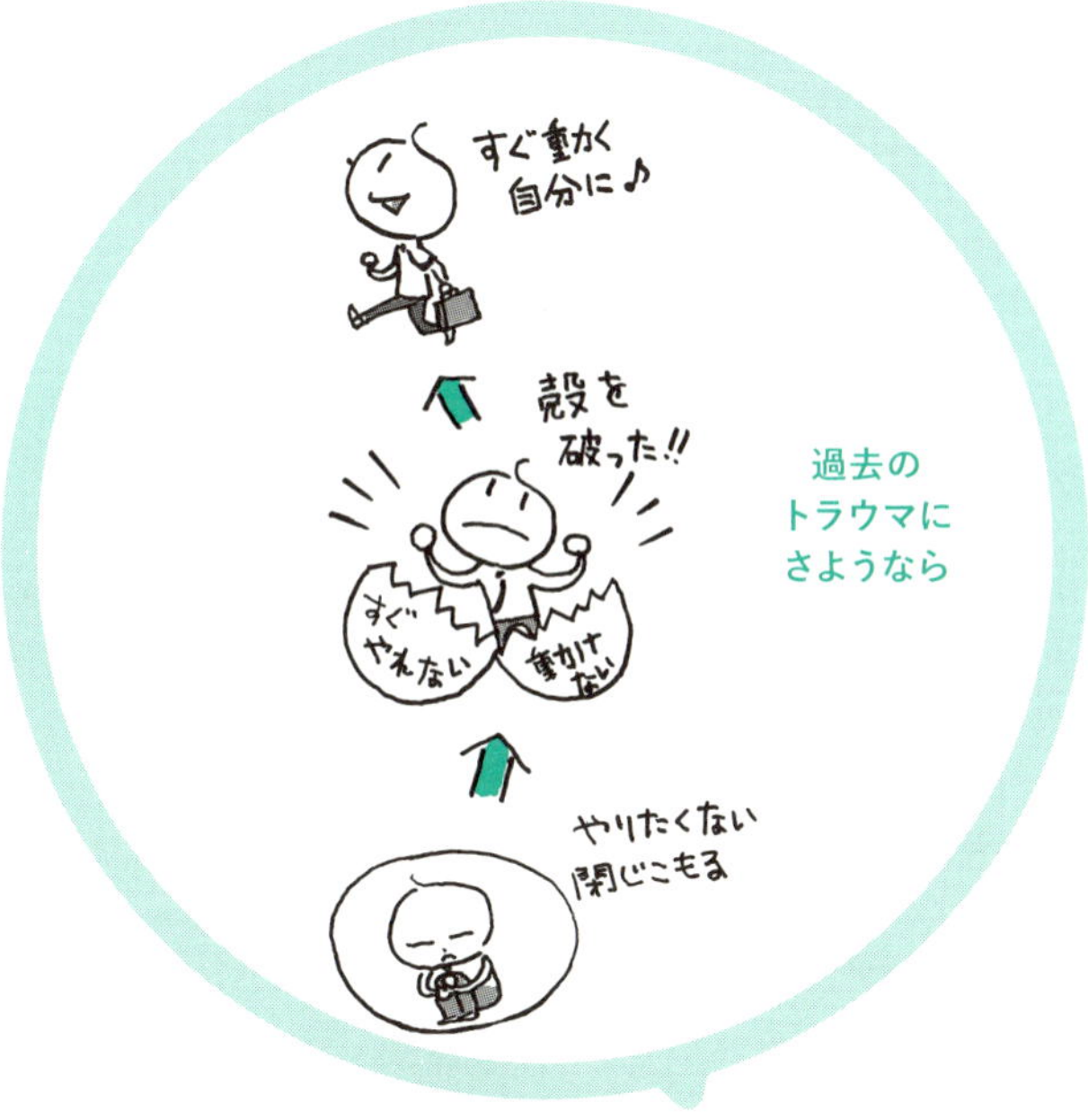

第2章

始めたら続ける

「すぐに動く」習慣は続きやすい

「すぐに動く」習慣は続きやすいものです。なぜかと言えば、いったん動きだすといい結果しかないので、「味をしめる」からですね。物事が順調に進んでとても快適です。

「自分はそんな柄ではない」と言いたいでしょうか。うまく進む自分に照れがあるかもしれません。これまですぐに動いたことがない、すなおにやってみたことがない、だから何となく気恥ずかしいこともあるでしょう。

ただ、**「すぐに動く」「さっさとやる」「まずやってみる」「つべこべ言わず、いったん試してみる」結果、いいことが起きます。**きっと外の世界も、人とのやりとりも、自分の心の中も、これまでとは違って見えるのではないでしょうか。

好循環が次々生まれる

本当に仕事のできる人は、好循環を次々に生み出しています。

目の前で素晴らしい成果と立て続けに起きる好循環を見て、「なるほど、仕事というのはこういうふうにやるのか」と感動し、自分もやってみたい、自分もやるぞと頑張る、というのが過去の仕事の伝授のしかたでした。

今は、そういう見本を目の当たりにする機会が減りましたので、自分で工夫をして意識的にしかけていくことが必要になりました。

「好循環」とは、自分が実現したいことが複数の追い風を受け、より簡単・確実に実行できるようになることです。「好循環を生み出す」とは、**自分が打ったいくつかの布**

石によって好循環を起こし、追い風を吹かせ、ねらいを実現させることです。

ここにあるのは、ただの因果関係ではありません。

- **いくつかの布石を打っておく**
- **先手を打つ**
- **意識的に追い風を作り出す**

そして、それらの結果によって、さらにもっとよい循環が起きるのです。

好循環は、上司・先輩が何かやってくれるものではなく、自分で種まきをし、しかけていって実現できることです。すぐにではなく、数か月後、数年後に大きな果実を生みます。

好循環を生み出すステップ

好循環を生み出すステップとしては、次の4つが考えられます。

① 何を実現したいのか、ターゲットを決める

ここが出発点になります。自分がわくわくするようなターゲット、普通ではすぐに手が届かないようなターゲットを設定します。例えば、「3年以内に起業する」「営業への配属5年目までに本社勤務になる」などです。

② ターゲットの実現を容易にするため、理想的には何が起きると嬉しいかを考える

③ その理想的な状況を起こすためには、何が起きるといいのかを考える

④ それを実現するため、自分に何ができるのかを検討する

直接的メリット、結果を追求するのではなく、2ステップほど離れたところ、つまり**2ステップほど手前から考える**ことがポイントです。好循環を自分から起こすことができるようになると、仕事が大きく前に進むようになります。精神衛生上も非常にプラスです。自信もみなぎります。

例えば「3年以内に起業する」の場合

❶ ターゲットは「3年以内に起業する」

❷ 理想的には、2年以内に今の仕事で大きな成果を上げ、自信をつける。昇進もする。そこから半年、起業のテーマを決め、説得力ある事業計画を作成し、2年半以内に共同創業者を見つける

❸ その状況を起こすためには、今後2年間は仕事に集中する。並行して、ベンチャーに関する記事を多数読んだり、ベンチャーCEOカンファレンスなどには参加したりして、ベンチャーへの理解を深めておく

❹ それを実現するため、今の仕事で課題となっている企画力、推進力、コミュニケーション力の強化に徹底的に取り組む

また、「営業への配属5年目までに本社勤務になる」の場合

❶ターゲットは「営業への配属5年目までに本社勤務になる」

❷理想的には、3年目までに営業で地域トップクラスの結果を出し、毎年出し続け、本社からも注目される

❸その状況を起こすためには、2年目までに支店内でトップ3の結果を出し、自信をつける

❹それを実現するため、営業の基本を身につけ、製品については次回の研修で徹底的に学び、アクティブリスニング力をつける。先輩からも最大限吸収する

といったことになります。

種まきをしておく

好循環を生み出すには、いつも種まきをしておくことが必要です。ねらって何かを生み出そうとするというものではなく、**起きるといいなと思えることへの布石を前もって打っておく**イメージだからです。

例えば、以下のようなことが挙げられます。

- 後輩・友人に相談されたら、親身になって相談に乗る
- 誰かに質問されたら、知らなくてもちょっと調べて教えてあげる
- Google アラートで興味深い英語記事を見つけたら、チームに転送しておく
- チームに関係ある内容を Perplexity で調べたら、チームミーティングで問題提起する
- 興味のある分野でブログを書き始めておく
- 興味が湧いた分野に関しては、何冊も本を読んで知識を深めておく
- 幕張メッセや東京ビッグサイトなどで面白そうな展示会があったら、地方からでも年に数回は参加しておく

- **同窓会の幹事を引き受けてくれないかと依頼されたら、引き受ける**
- **誰かいい人を知らないかと依頼されたら、できる範囲で動いてあげる**
- **海外出張、海外駐在の可能性を挙げるために、普段から英語の勉強をしておく**

これらをやるのはもちろん立派なことですが、**目先の利益にはそこまでなりません。**したがって、忙しくなると後回しになったり、いつのまにか忘れてしまったりしがちです。

もし、これらが実行できれば、数十人に一人のレベルの立派な努力だと思います。しかも、明確なビジョンを持って動いていれば、遅かれ早かれなんらかの結果を生む場合が多いのです。

ただ、心の余裕がないとやりづらいので、気の合う同僚、友人と話し、刺激し合うといいですね。やらないよりはやっておいたほうが確実によく、その**いくつかが布石となって追風が吹く**ことはよくあります。

というより、追風はときどき吹いていますが、帆をあげていないとそれを感じ取り、活かすことができない、と言ったほうが正確かもしれません。

実際に追風を感じたら、帆をあげて目いっぱい、風をとらえます。

具体的には、「思いがけないところから大きな仕事の依頼が来る」「全社プロジェクトにアサインされる」「重要なポジションへの転職オファーが来る」「前から会いたかった人に急に紹介してくれる」「講演の依頼が来る」「本・ブログ執筆の依頼が来る」「企画した講演会が成功し、次回、次々回も依頼される」などいろいろなことが起きていきます。

「期待しないで待つ」

種まきをしたあとは、期待しないで待つことが大切です。

期待すると疲れますし、余計な動きをして無駄なことも起きてしまいます。期待しないで待つと、意外なところで何かが動いてだんだん大きな成果につながり、成果が成果を生むようなことも起きていきます。

期待しないでいても、動くときは動く、動かないときはもちろん動かない、ということで疲れませんし、何かを無駄にしているわけでもありません。

「時がくれば事が起きる」という感覚に近いかもしれません。

「期待しないで待つ」というと、「無駄打ちをしてしまうのか」と気になる方もいるかもしれません。

実際はそうではありません。必要なこと、人としてやっておいたほうが誰かのためになること、しかもそれ自身が自分のためにもなること（調べてあげるとか、ブログを書くとか）をしておくと、あとでその種まきが生きることが多い、ということであり、決して無駄ではありません。

何もかも速く、早く動き出す

一人で仕事をしていると、どうしてもゆったりとしたペースになりがちです。さしあたり誰も目の前で煽ってきませんし、圧倒的なスピードで仕事をバリバリこなす先輩や同僚の姿が視界に入らなくなるからです。

これは危険なことです。特別に意識の高い人だけがスピードを上げ続け、それ以外の人はのんびりしてしまい、気づいたときは手遅れになってしまうという問題が生じます。

「どうすれば成長できるのか」についてはよくわからない方でも、仕事のスピードを上げるイメージはつかみやすいのではないでしょうか。

先にもお話ししたように、私はマッキンゼーに入ったとき、マッキンゼーで部下が数十人になったとき、マッキンゼーを辞めて部下がゼロになったとき、支援先企業が十数社にもなったとき、インドとベトナムに毎月通うようになったとき、仕事をこなすスピードをひたすら加速せざるを得ない状況に追い込まれました。

そのときの経験から、**どんな人でもどんな仕事でも、仕事のスピードはかなり上げることができるし、自信をつけて大きく成長できるものだと確信しています。**

また、苦手な点の克服はかなり大変なので、**得意なことをさらに伸ばすほうがずっと楽だ**ということも実感しました。

ただそれ以上に、難しく考えるよりも、**ともかくスピードアップについて必死に取り組んでいると、「気づいたときには大きく成長している」**という発見がありました。

一人で仕事する場合には誰も教えてくれないので、特に自身で意識してスピードアップに取り組む必要があります。

「速く」は仕事そのもののスピードのことです。「早く」は「すぐに動く」ということですね。

「すぐに動ける人」は、何をやっても楽しい

すぐに動くことがどれほど大切か

すぐに動けるようになると、仕事もプライベートもどんどんうまく進むようになります。

仕事においては、すぐに着手するので、何か障害があってもすぐにわかって対処できますし、人より先に動くので情報が集まりやすく、また、リーダーシップも発揮しやすくなります。

先に動けば、先に壁にも当たりますので、ＰＤＣＡを先に回すことができます。

すぐに動くことによって、アドレナリンが出るというか、やる気も満ちてきます。**個人総合戦闘力が上がる**と言っても過言ではないでしょう。スキルは急に変わりませんが、すぐに動くことは今日からでも明日からでもできます。それで個人総合戦闘力が上がるのであれば、やらない手はないでしょう。

わかっていても動けていなかった人には不思議かもしれません。不思議でも本当です。ぜひ騙されたと思って、すぐに動いてみてくださいね。

いっぽう、すでにすぐに動いている人にとっては当然すぎることかもしれません。さらに加速し、素晴らしい結果を出していってください。

すぐに動くと、ずっと楽に動ける

実は、すぐに動くと、ずっと楽に動けます。すぐに動かないほうが大変です。やらなければいけない、という気持ちばっかり続いてストレスになるからです。

第1編でご紹介したように、私も一部のタスクは今でもそうです。嫌な内容だとわかっているメールは開けません。2週間も3週間も置いてあるため、受信トレイを1日に20回ほどチェックするたびに嫌な気持ちになります。気になりながらかなり放置した後に開いてみると「なんだ、心配することなかった」と安堵することもあります。

ただ、すぐに返事しなかったために大問題になることもあります。無視された、返事もよこさなかったと相手が怒るケースですね。もちろん大いに後悔しますが、後悔先に立たずなのです。

ですので、すぐに動く大切さが大変よくわかります。

嫌なときも避けるわけにはいきません。放置せず、すぐに動くように変えてみてください。ずっと楽に動けます。

そのためにどう考えればいいか。

- **すぐに動いたほうが楽に違いないと考えてみる**
- **すぐに動いたほうが問題を未然防止できると考えてみる**
- **すぐに動いたほうが問題をなかったことにできると考えてみる**
- **すぐに動いたほうがその後ずっと悩まなくていいと考えてみる**
- **すぐに動かないと、さらに困ったことになると考えてみる**
- **すぐに動かないと、挽回できないと考えてみる**

などがあります。自分がしっくりくるどれでもいいので、「すぐに動くと、ずっと楽に動ける」と感じていただけたらと思います。

すぐに動くと、みんなが背中を押してくれる

すぐに動くと、驚くほどみんなが背中を押してくれます。
自分がやらなくてはいけない、他の人には何も関係のないことでも、背中を押してくれるのです。仲間っていいなあと思えます。

何の関係もないといっても、仲間の一人がすぐに動けず、どよんとしているのは仲間の士気にも関わりますし、実際、仕事を進める上で無関係ではないため、背中を押してくれるのかもしれません。脱落者が出ることも避けようとしてくれます。

80億人にまで増えたホモサピエンスは、お互いに助け合って発展してきたので、それがDNAに深く刻み込まれているのかもしれません。人間としての純粋な気持ちなのかもしれません。

どういう形で背中を押してくれるかというと、声をかけてくれたり、そっとしておいてくれたり、ものによっては始めるのを手伝ってくれたり、他の人を巻き込むのを後押

ししてくれたり、さまざまです。

さまざまですが、形が違っても温かい気持ちは伝わってくるので、ありがたいです。

私の身近で、ブログをお勧めして書き始めた方がおられました。多くの仲間がフィードバックし、励ました結果、次々にチャレンジして、ブログを20本以上書かれました。どれも素晴らしいものです。さらに、それをもとにClubhouseでも何度も素晴らしい話をされ、ファンも多数参加されました。これは、すぐに動くことで、みんなが背中を押してくれた例です。

また、私のオンラインサロンやブレークスルー講座では、転職や資格試験などに取り組まれる方を皆で応援し、よい結果につながるケースが頻繁にあります。悩みを相談すると、自分の経験談などを話してくれて安心させてくれます。転職面接のためのロールプレイングを一緒にやってくれたりもします。ChatGPTをどううまく使って面接準備をしたかを丁寧に教えてくれたりもします。

すぐに動くと、みんなの背中を押せる

逆に、すぐに動くと、みんなの背中を押せます。他の人も釣られて動くようになります。自分でやるのはもちろん大事ですが、すぐに動くことでみんなの背中を押せて、他の人も動くようになると断然楽しくなっていきます。

自分が実は一番元気が出るので、お勧めです。

例えば、ChatGPTなど生成AIをいち早く使い始め、関連記事も熱心に読み進めていれば、他の人が始めたとき、簡単に背中を押せるようになります。

ChatGPTを使って素晴らしい英語のメールを書いたり、魅力的な新商品名の案を30個さっと示したり、分厚い英語のPDFを短時間で要約したりすれば、みんなびっくりしますし、自分もやってみたいと思うようになります。職場全体あるいは会社の社員全員の背中を押せるようになります。

結局、私たちは、**自分の頑張りが何かの結果につながるのが大好き**なんだと思います。

功利的とかそういうことではなくて、仲間がいること、その仲間がどんどん成長していくことはとても嬉しいことではないでしょうか。

＊　＊　＊

本書を読まれた感想、質問をぜひ私あて（akaba@b-t-partners.com）にお送りください。すぐにお返事させていただきます。

本気で取り組んでみた方、やってみたものの思うようにできなかった方、遠慮なくご相談ください。

どういう状況でどういうことをしてみて、結果がどうだったのか、どこはうまくいって、どこは多分うまくいかなかったか、なるべく詳しく書いていただけると、より的確な返信ができます。

また、読者のコミュニティをFacebookグループ上で作っています。『ゼロ秒思考』

赤羽雄二の何でも相談カフェ」で検索していただければすぐに見つかります。
活発な議論をしていますので、ぜひご参加ください。

著者
赤羽雄二（あかば・ゆうじ）
東京大学工学部を卒業後、コマツにて、超大型ダンプトラックの設計・開発に携わる。スタンフォード大学大学院に留学し、機械工学修士、修士上級課程を修了後、マッキンゼーに入社。経営戦略の立案と実行支援、新組織の設計と導入支援、マーケティング、新事業立ち上げなど多数のプロジェクトをリード。マッキンゼーソウルオフィスをゼロから立ち上げ、120名強に成長させる原動力となるとともに、韓国LGグループの世界的躍進を支えた。
マッキンゼーで14年勤務した後、「日本発の世界的ベンチャー」を1社でも多く生み出すことを使命として、ブレークスルーパートナーズ株式会社を共同創業。ベンチャー経営支援、中堅・大企業の経営改革、経営幹部育成、新事業創出に取り組んでいる。コロナ前はインド、ベトナムにも3年間毎月訪問し、現地企業・ベンチャーの経営支援に取り組んだ。
東京大学、電気通信大学、早稲田大学、東京電機大学、北陸先端科学技術大学院大学講師としても活躍。下関私立大学客員教授。
年間250回以上のセミナー、ワークショップで、ベンチャー創業支援と個人の問題把握・解決力、リーダーシップ、コミュニケーション力強化を後押ししている。
著書は、44万部突破の『ゼロ秒思考』を始めとして、国内27冊、海外30冊、計138万部。
メール：akaba@b-t-partners.com
ウェブサイト：https://b-t-partners.com/
書籍：https://b-t-partners.com/book
講演：https://b-t-partners.com/event
オンラインサロン：https://community.camp-fire.jp/projects/view/318299

7日でマスター　瞬時（すぐ）に動く技術

2025年1月17日 初版発行

著者　赤羽雄二
発行者　石野栄一
発行　明日香出版社
〒112-0005 東京都文京区水道2-11-5
電話 03-5395-7650
https://www.asuka-g.co.jp
デザイン　dig　山崎綾子
本文イラスト　パント大吉
校正　共同制作社
印刷・製本　シナノ印刷株式会社

ISBN 978-4-7569-2383-7

本書もオススメです

「すぐやる人」と「やれない人」の習慣

塚本亮・著

1400円(+税)
2017年発行
ISBN978-4-7569-1876-5

偏差値30台からケンブリッジへ。
心理学に基づいた、行動力をあげる方法!

成功している人、仕事の生産性が高い人に共通する習慣のひとつに「行動が早い」ということがあります。彼らの特徴は気合いや強い意志ではなく「仕組み」で動いていること。つまり、最初の一歩の踏み出し方が違うのです。すぐやることが習慣になれば、平凡な毎日が見違えるほどいきいきしてきます。